中华精神家园

中部之魂

陈楚风韵

陈楚文化特色与形态

肖东发 主编 李 奎 编著

中国出版集团

现代出版社

图书在版编目（CIP）数据

陈楚风韵：陈楚文化特色与形态 / 李奎编著. —
北京：现代出版社，2014.5（2019.1重印）
　ISBN 978-7-5143-2425-9

　Ⅰ．①陈… Ⅱ．①李… Ⅲ．①地方文化－研究－河南
省 Ⅳ．①G127.61

中国版本图书馆CIP数据核字(2014)第085405号

陈楚风韵：陈楚文化特色与形态

主　　编：肖东发
作　　者：李　奎
责任编辑：王敬一
出版发行：现代出版社
通信地址：北京市定安门外安华里504号
邮政编码：100011
电　　话：010-64267325 64245264（传真）
网　　址：www.1980xd.com
电子邮箱：xiandai@cnpitc.com.cn
印　　刷：三河市华晨印务有限公司
开　　本：710mm×1000mm　1/16
印　　张：10
版　　次：2015年4月第1版　　2021年3月第4次印刷
书　　号：ISBN 978-7-5143-2425-9
定　　价：29.80元

　　党的十八大报告指出："文化是民族的血脉，是人民的精神家园。全面建成小康社会，实现中华民族伟大复兴，必须推动社会主义文化大发展大繁荣，兴起社会主义文化建设新高潮，提高国家文化软实力，发挥文化引领风尚、教育人民、服务社会、推动发展的作用。"

　　我国经过改革开放的历程，推进了民族振兴、国家富强、人民幸福的中国梦，推进了伟大复兴的历史进程。文化是立国之根，实现中国梦也是我国文化实现伟大复兴的过程，并最终体现为文化的发展繁荣。习近平指出，博大精深的中国优秀传统文化是我们在世界文化激荡中站稳脚跟的根基。中华文化源远流长，积淀着中华民族最深层的精神追求，代表着中华民族独特的精神标识，为中华民族生生不息、发展壮大提供了丰厚滋养。我们要认识中华文化的独特创造、价值理念、鲜明特色，增强文化自信和价值自信。

　　如今，我们正处在改革开放攻坚和经济发展的转型时期，面对世界各国形形色色的文化现象，面对各种眼花缭乱的现代传媒，我们要坚持文化自信，古为今用、洋为中用、推陈出新，有鉴别地加以对待，有扬弃地予以继承，传承和升华中华优秀传统文化，发展中国特色社会主义文化，增强国家文化软实力。

　　浩浩历史长河，熊熊文明薪火，中华文化源远流长，滚滚黄河、滔滔长江，是最直接的源头，这两大文化浪涛经过千百年冲刷洗礼和不断交流、融合以及沉淀，最终形成了求同存异、兼收并蓄的辉煌灿烂的中华文明，也是世界上唯一绵延不绝而从没中断的古老文化，并始终充满了生机与活力。

　　中华文化曾是东方文化摇篮，也是推动世界文明不断前行的动力之一。早在500年前，中华文化的四大发明催生了欧洲文艺复兴运动和地理大发现。中国四大发明先后传到西方，对于促进西方工业社会的形成和发展，曾起到了重要作用。

　　中华文化的力量，已经深深熔铸到我们的生命力、创造力和凝聚力中，是我们民族的基因。中华民族的精神，也已深深植根于绵延数千年的优秀文化传统之中，是我们的精神家园。

　　总之，中华文化博大精深，是中国各族人民五千年来创造、传承下来的物质文明和精神文明的总和，其内容包罗万象，浩若星汉，具有很强的文化纵深，蕴含丰富宝藏。我们要实现中华文化伟大复兴，首先要站在传统文化前沿，薪火相传，一脉相承，弘扬和发展五千年来优秀的、光明的、先进的、科学的、文明的和自豪的文化现象，融合古今中外一切文化精华，构建具有中国特色的现代民族文化，向世界和未来展示中华民族的文化力量、文化价值、文化形态与文化风采。

　　为此，在有关专家指导下，我们收集整理了大量古今资料和最新研究成果，特别编撰了本套大型书系。主要包括独具特色的语言文字、浩如烟海的文化典籍、名扬世界的科技工艺、异彩纷呈的文学艺术、充满智慧的中国哲学、完备而深刻的伦理道德、古风古韵的建筑遗存、深具内涵的自然名胜、悠久传承的历史文明，还有各具特色又相互交融的地域文化和民族文化等，充分显示了中华民族的厚重文化底蕴和强大民族凝聚力，具有极强的系统性、广博性和规模性。

　　本套书系的特点是全景展现，纵横捭阖，内容采取讲故事的方式进行叙述，语言通俗，明白晓畅，图文并茂，形象直观，古风古韵，格调高雅，具有很强的可读性、欣赏性、知识性和延伸性，能够让广大读者全面接触和感受中国文化的丰富内涵，增强中华儿女民族自尊心和文化自豪感，并能很好继承和弘扬中国文化，创造未来中国特色的先进民族文化。

2014年4月18日

历史沉淀——陈楚底蕴

精彩绽放——文化风采

人文肇始

　　陈楚地区，即河南省周口所辖区域与安徽省西北部一带。这里位于中原腹地，是中华文明的重要发祥地之一。陈楚地区的行政、文化中心在淮阳。

　　淮阳古称"宛丘"，上古为太昊伏羲之墟，夏为豫州之域，商为虞遂封地；西周分封，武王封舜后妫满于此，建立陈国；春秋末年，陈为楚北方重镇；战国后期，楚徙都于此，陈城为"郢陈"，史称"陈楚"。

　　陈楚文化指产生发展于陈楚地区的一种地域性文化，是生活在陈楚地区的人们共同创造的文化的总称。陈楚文化包括先陈文化、妫陈文化、陈楚文化三个延续的阶段。

太昊东夷族初创先陈文化

陈地地处中原，这里自然环境优越，又是上古时期各种政治势力相互交接、争夺的地区，历次朝代更迭、文化演进都对陈地产生巨大的影响。特殊的地域位置，为陈楚文化的形成提供了条件。

陈地疆域广袤，无山水阻隔，交通便利。《史记·货殖列传》记载：

太昊伏羲氏

> 陈在楚、夏之交，通渔盐之货，其民多贾。

清初历史地理学家顾祖禹在《读史方舆纪要》中说：陈地"控蔡、颍之郊，绾汴、宋之道。淮泗有事，顺流东指，此其经营之所也"，"又其地原湿沃衍，水流津通"。

这种特殊的地理环境条件，使之融汇南北，包容四方，熔铸成独具特色的地域文化风格。

早在我国周代陈立国之前的数千年，在陈地由东夷部族创立了古老的先陈文化。

陈地最初的土著文化是东夷文化。《左传·昭公十七年》记载："陈，太昊之墟。"

大量的远古发现和古物遗存与古代文献记载相印证，证明陈地在公元前40世纪至公元前30世纪确为以太昊伏羲氏为首的东夷族世居之地。

■ 龙山白陶鬶

太昊伏羲氏，又称庖羲。是中华民族人文始祖，是古籍中记载的最早的王，所处的时代大约为新石器时代早期，他根据天地万物的一些变化，发明创造了八卦，成了我国古文字的发端，也结束了"结绳记事"的历史。

他又结绳为网，用来捕鸟打猎，并教会了人们渔猎的方法，发明了瑟，创作了《驾辩》曲子，他的活动，标志着中华文明的起始，也留下了大量关于伏羲的神话传说。

中华文明起源有多个中心。影响较大的是西方的华夏、东方的东夷、南方的苗蛮"三集团"。

在黄河流域新石器时代遗址文化遗存和人类骨骸中，不同地区确实存在文化区别和人类体质差异。以

《史记》 汉代司马迁撰写的我国第一部纪传体通史，是二十五史的第一部。书中记载了上自上古传说中的黄帝时代，下至汉武帝太史元年间共3000多年的历史。与宋代司马光编撰的《资治通鉴》并称"史学双璧"。

《左传》原名为《左氏春秋》，汉代改称为《春秋左氏传》，简称《左传》。旧时相传是春秋末年左丘明为解释孔子的《春秋》而作，实质上是一部独立撰写的史书，以《春秋》为本，通过记述春秋时期的具体史实来说明《春秋》的纲目，是儒家重要经典之一。

河南省为界，黄河中上游以仰韶文化为代表，大概与华夏集团的族群有密切关系。

黄河中下游，河南东部至鲁皖苏，新石器时代文化呈现大汶口文化和龙山文化的演进序列，当与东夷集团有关。

《说文解字》释解"夷"字为"从大从弓"，即言夷人身材高大，擅长弓箭。新石器时代东方居民有高颅，面较高，较阔，身材也较高，并且伴有头部人工变形及拔牙的风俗。

据《左传·昭公十七年》，郯子追叙其祖先的来历，指出在东方的平原上原有一大批自认太昊、少昊后裔的部族。他们以鸟为图腾，这些部族即是东夷。

大汶口文化和龙山文化在陈地有较广泛的分布。陈地属于大汶口文化早期的遗址有商水马村、太康方城、周口市烟草仓库等九处；属于大汶口文化中期的遗址有西华小白庄、淮阳王禅冢、周口市烟草仓库等12处；属于大汶口晚期的遗址有郸城段寨、商水章华台、周口水灌台、项城高寺等18处。

■ 龙山文化墨玉刀

■ 龙山出土的鼎

龙山文化为大汶口文化的延续，龙山文化在陈地有着最为典型的遗存。陈古称"宛丘"，《竹书纪年》记载：

> 太昊伏羲氏元年即位都宛丘。《淮阳县志》记载："宛丘在县东南。"

取名"宛丘"，说明这里是一块高地。

宛丘在淮阳县城东南4千米处的大连乡大朱村南，称"平粮台"。是一处属龙山文化时期的古城遗址。这座古城已有4500年历史，是我国最古老的城堡之一。根据史书记载和考古发掘相印证，平粮台古城遗址即是被称为"太昊之墟"的古宛丘都城。

城址平面呈正方形，城墙采用版筑和堆筑法建成，即先用小版夯筑的土墙，然后在其外侧逐层呈斜

大汶口文化 新石器时代文化，因山东省泰安市大汶口遗址而得名。大汶口文化的发现，为山东地区的龙山文化找到了渊源，也为研究黄淮流域及山东、江浙沿海地区原始文化，提供了重要线索。

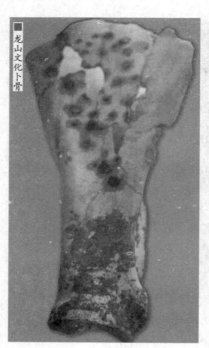
龙山文化卜骨

坡状堆土，夯实，加高到超过墙的高度后，再堆筑出城墙的上部。夯印清晰，有单个，也有4个一组的圜底圆夯、椭圆形夯。

门道下铺排水管道，结构是在门道下挖出上宽下窄的沟，在沟底铺一条套接的陶水管道，其上再并列铺两条陶水管道。北端稍高，宜于向城外排水。

城址内已发掘出10多座房基，在城内还发现有灰坑、陶窑和墓葬。出土遗物有陶质的鼎、罐、瓮、甗、豆、盆、鬶、纺轮，石质的凿、铲、斧、锛、镞、纺轮和骨凿、骨镞、蚌刀、蚌镰等。此外还发现铜渣。

陵庙内主要包括中轴线上的一系列建筑：午朝门、道仪门、先天门、太极门、统天殿、显仁殿、太始门、八卦坛、太昊伏羲陵墓、蓍草园等。

炎帝神农氏在陈地建立都城

炎帝，即神农氏，远古传说中的太阳神。传说炎帝神农生得人身牛首，3岁知稼穑，长成后，身高八尺七寸，龙颜大唇。

神农氏本为姜水流域姜姓部落首领，伏羲氏禅位于第一重臣朱襄氏，即炎帝神农氏。

神农氏曾设都于陈地。因为从地理环境上看，陈地属黄淮平原的一部分，大致以沙颖河为界，以北为黄河冲积平缓平原区，以南为淮河及其支流冲积湖冲积低缓平原区，土地平旷，河流众多，土质疏松肥沃；降水量适宜，有利于农作物生长。

古代神话中，讲得最多

的是神农氏对农业耕作的发明。《白虎通》记载：

> 古之人民皆食禽兽肉，至于神农，人民众多，禽兽不足，于是神农教民农作。神而化之，使民宜之，故谓之神农也。

陈地兼有南北地理条件之长，具有发展农牧业的得天独厚的自然环境。

神农氏发明农具以木制末，教民稼穑饲养、制陶纺织及使用火，以功绩显赫，以火得王，故为炎帝，世号神农，并被后世尊为农业之神。

据《拾遗记》记载，一天，一只周身通红的鸟儿，衔着一棵五彩九穗谷，飞在天空，掠过神农氏的头顶时，九穗谷掉在地上，神农氏见了，拾起来埋在了土壤里，后来竟长成一片。

他把谷穗在手里揉搓后放在嘴里，感到很好吃。于是他教人砍倒树木，割掉野草，用斧头、锄头、末耜等生产工具，开垦土地，种起了谷子。

神农氏从这里得到启发：谷子可年年种植，源源不断，若能有更多的草木之实选为人用，多多种植，大家的吃饭问题不就解决了吗？

■ 神农氏采药图

那时，五谷和杂草长在一起，草药和百花开在一起，哪些可以吃，哪些不可以吃，谁也分不清。神农氏就一样一样地尝，一样一样地试种，最后从中筛选出稻、黍、稷、麦、菽五谷，所以后人尊他为"五谷爷""农皇爷"。

■ 神农氏画像

神农氏教民种五谷后，并不单单靠天而收，还教民打井汲水，对农作物进行灌溉。

在神农氏的诸多事迹当中，最为人们称道和熟悉的是制耒耜、种五谷一事，这也正是神农氏之被称为"神农"的原因所在，"神农"一词中的"农"字就完全体现了这一伟大创举。

农业包括种植、收获储备、加工食用三大步骤。伴随着陶器的出现，人们才具备了安全有效的贮藏手段，因而能够长期储备食物和饮水，从而把采集储备和食用两个独立过程紧密地结合在一起。只有在这种情况下，人们才会形成大量获得植物种子的需求。

原始种植业开始于使用葫芦作饮水器具的伏羲氏时代，人们最早种植的是葫芦，在种植葫芦的过程中，人们积累了比较丰富的种植技术。

《拾遗记》 志怪小说集，作者东晋王嘉。主要内容是杂录和志怪。书中尤着重宣传神仙方术，多荒诞不经。但其中某些幻想，如"贯月槎""沦波舟"等，表现出丰富的想象力。文字绮丽，所叙之事皆情节曲折，辞采可观。后人多引为故实。

神农氏还是医药的发明者，他尝遍百草，教人医疗，被世人尊称为"药王"，为掌管医药的神祇，不但能保佑人民健康，更被医馆、药行视为守护神。

据西汉初年的古书《淮南子》记载：

神农尝百草之滋味，一日而遇七十毒。

神农氏游历天下，回到陈地后，便继续研习丹术，花费数年时间终于在炼丹之术上略有所得，炼制出了一些可以治病的丹药，神农氏很高兴，将所有自己领悟出来的东西都交给了愿意学的族民。

后世人们依据神农氏的传说，著有医药名典《神农本草经》。

神农氏还教人们通商交换："神农是以日中为市，致天下之民，聚天下之货，交易而退，各得

陈楚风韵

陈楚文化特色与形态

■ 炎帝神农氏陵墓

其所。"

传说神农氏为了给人们寻找治病的草药，他尝尽了百草，有一天尝到一种剧毒的断肠草，终于他的肠子断烂，为人民牺牲了生命。

炎帝神农在位120年，传七代世袭神农之号，共计380年。这些传说都是后人对祖先炎帝的神化，说明他和黄帝一样，是中华民族文明之祖。

■ 炎帝雕像

阅读链接

传说有一次，神农氏在深山老林采药，被一群毒蛇围住。毒蛇一起向神农氏扑去，有的缠腰，有的缠腿，有的缠脖子，想致神农氏于死地。神农氏寡不敌众，终被咬伤倒地，血流不止，浑身发肿。他忍痛高喊："西王母，快来救我！"

王母娘娘闻听呼声后，立即派青鸟衔着她的一颗救命解毒仙丹在天空中盘旋窥瞰，终于在一片森林里找到了神农氏。毒蛇见到了王母的使者青鸟，都吓得纷纷逃散了。

青鸟将仙丹喂到神农氏口里，神农氏逐渐从昏迷中清醒。青鸟完成使命后翩然腾云驾雾回归。神农氏感激涕零，高声向青鸟道谢，哪知，一张口，仙丹落地，立刻生根发芽长出一棵青草，草顶上长出一颗红珠。

神农氏仔细一看，与仙丹完全一样，放入口中一尝，身上的余痛全消，便高兴地自言自语："有治毒蛇咬伤的药方了！"于是，给这味草药取名"头顶一颗珠"。后来，药物学家给它命名为"延龄草"。

妫陈文化发展为陈楚文化

　　继太昊氏为代表的东夷部族之后，在陈地居留的是五帝之一的虞舜后裔妫陈一系。

　　夏代，陈地属豫州之地。商代始封虞舜的后代虞遂于陈。《世本》宋忠注："虞思之后，箕伯直柄中衰，殷汤封遂于陈，以为舜后

出土楚国文物

是也。"

■ 楚国人物塑像

周朝建立后，因虞舜的另一后裔遏父，即阏父，他帮助武王伐殷有功，武王封遏父之子胡公妫满于陈地，以奉舜帝之祀。

《左传·襄公二十五年》记载：

> 昔虞阏父为周陶正，以服侍我先王。我先王赖其利器用，与其神明之后，庸以元女大姬配胡公，而封诸陈，以备三恪。

陈胡公妫满由此成为陈国开国君主，陈国是西周首封十大诸侯国之一。

周代对古代帝王后裔的分封其实是一种文化分封。《史记·周本纪》记载：

> 武王追思先圣王，乃褒封神农之后于

《世本》又作世或世系。它是一部由先秦时期史官修撰的，书中主要记载了上古帝王、诸侯和卿大夫家族世系传承的史籍。全书可分《帝系》《王侯世》《卿大夫世》《氏族》《作篇》和《居篇》及《谥法》等15篇。后为避李世民讳，又一度改名为《系本》。

焦，黄帝之后于祝，帝尧之后于蓟，帝舜
之后于陈，大禹之后于杞。

这种对"先圣王"后裔的分封，与宗周姬姓亲戚
和功臣的分封有实质的不同。这些先圣的后裔，可以
在各自的封地上按照自己祖先的部族文化体系来进
行祭祀及文化活动，保持其先人的文化体系"以奉
先祀"。

舜帝一系，从祖源上看，也为东夷后裔。《孟
子》记载：

> 舜生于诸冯，迁于负夏，卒于鸣条，东
> 夷之人也。

■ 周代青铜神兽

妫满接受周的分封，且娶周武王长女为妻，这

■ 楚国漆器彩绘凤
鸟双连杯

样，随着妫满一支的入主，夷文化与周文化在陈地相
互影响、交汇。

自妫满封陈至公元前479年陈亡于楚，陈国共传
20世，26代君主，历时588年。

远古时期陈地农业的领先开发，为周代陈国经济
的发展和繁荣奠定了坚实的基础。西周时期社会安
定，作为周代十大诸侯国之一的陈国，其经济在原有
领先的基础上得到进一步的发展。

从陈地发现的古代遗物和史志记载来看，陈国农
业和以麻纺、漆器业、青铜铸造业为代表的手工业均
发展到较高水平。由于地处交通要冲，春秋时期陈国
的商业也较为繁荣。

《诗经·国风》有《陈风》十首，保留了周代陈
国的社会生活和礼俗风情。《汉书·地理志》记载：

周武王封舜后妫满于陈，是为胡公，

《国风》　《诗
经》的一部分。大
抵是周初至春秋
间各诸侯国的民
间诗歌。包括《周
南》《召南》和
《邶风》《鄘风》
《卫风》《王风》
《郑风》《齐风》
《魏风》《唐风》
《秦风》《陈风》
《桧风》《曹风》
《豳风》，也称为
"十五国风"，共
160篇。它是《诗
经》中的精华，是
我国现实主义诗
歌的源头。

■ 荆楚雄关

妻以元女大姬，妇人尊贵好祭祀用巫，故其俗好巫鬼者也。

《陈风》艺术风格独树一帜，兼具有南北文学之长，不仅开现实主义文学风格之先河，而且意境优美，抒情气息浓厚，具有浓郁的浪漫主义情调，为后世楚辞的产生奠定了基础。

春秋战国时期，是民族文化大融合的时期。楚国北扩，占据陈地后，楚文化北上中原，陈地处于楚文化与东夷文化和华夏文化交汇的前沿，楚国定都于陈，这里一度成了楚国政治文化中心，楚文化与陈地原有的东夷文化交流、融汇，从而形成了一种独具特质的新型文化——陈楚文化。

楚族南迁以前，在江汉一带生活的是三苗之民，

颂 《诗经》的组成部分。包括《周颂》31篇，《鲁颂》4篇，《商颂》5篇，共40篇，合称"三颂"。"颂"与"风""雅""赋""比""兴"合称"六义"。指《诗经》中三种诗歌类型之一，即收集在《周颂》《鲁颂》《商颂》中的祭祀时用的舞曲歌词。

苗蛮族团在这里创造了较为先进的文化。夏、商时，楚族一支南迁到江汉一带，与三苗之民相结合，这就是古代文献中所称的"荆楚"或"楚蛮"。

《诗经·商颂·殷武》记载："维女荆楚，居国南乡"。周初，楚族鬻熊正式立国，历代楚君筚路蓝缕，以启山林，使楚成为"抚有蛮夷，奄征南海"的南方大国。

楚族南迁后，与南方土著居民苗蛮民族融合同化。这样，它承受商文化的恩惠、周文化的浸润，集中交融三代文化的精华，南迁后又吸收苗蛮文化的营养，从而滋长为具有鲜明特色和强大生命力的楚文化，并成为中华文明的又一源头活水。

至春秋末年，楚族急剧北扩，占据陈地，楚文化与陈地原有的东夷文化交流、融汇。楚文化与东夷文化有着共同的渊源，再加之政治的因素，两者自然地融汇在一起，共同以"太昊伏羲"作为先祖。

从先秦器物中也可以看到，东夷文化的凤图腾与南方楚蛮文化的龙图腾之间从相争到相融的过程。商代玉器上的龙凤合璧造型，往往是凤大龙小，龙凤之间也往往是相衔相咬的关系。

至战国以后，龙凤合璧

龙凤呈祥 在我国传统理念里，龙和凤代表着吉祥如意，龙凤一起使用多表示喜庆之事。龙有喜水、好飞、通天、善变、灵异、征瑞、兆祸、示威等神性；凤有喜火、向阳、秉德、兆瑞、崇高、尚洁、喻情等神性。神性的互补和对应，使龙和凤走到了一起。

■ 四节龙凤玉佩

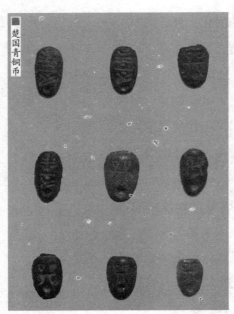

楚国青铜币

造型的形象与含义都发生了质的变化。它们往往成对出现，或顾盼，或曼舞，充满和谐、欢快的气氛。

"龙凤呈祥"已成为一种吉祥和美的象征图案。太昊、伏羲合称，从图腾文化意义上说，也正是龙凤呈祥，民族和合的具体表现。

春秋末年，南方楚国急剧北扩，楚两度灭陈，公元前479年，陈国归楚所辖。由于陈地特殊的地理位置，陈国成为楚北方重镇。进入战国以后，楚国势力牢牢控制陈地，陈地逐渐楚化。

公元前278年，楚顷襄王迁都于陈，陈为楚都38年之久，楚顷襄王葬于陈。淮阳马鞍冢即为楚顷襄王墓。从楚灭陈国到楚亡于秦，楚辖陈、都陈200多年。

阅读链接

陈楚文化是地域文化的一种形式，发生、发展于周口所辖区域及周边地区，即先秦陈国及楚灭陈、楚都居陈的特指历史区域，是有史以来在该地区生活的人们所共同创造的物质文明与精神文明财富的总称。

由于融汇了陈、楚两地南北文化的元素，因此陈楚文化兼具南北之长，既有尚实际、重思辨的北方文化传统，又有重想象、尚浪漫的南方文化色彩。

先贤遗风

古代先哲老子生地是苦县，即河南鹿邑，春秋时属陈国，战国属楚。陈楚文化所孕育的最主要的思想成果，首先当推老子的《道德经》。

陈地还是圣人孔子长期游寓之地。我国文学史上第一部诗歌总集《诗经》曾载有《陈风》10首。历代文人墨客曹植、李白、李商隐、张九龄、苏轼、苏辙等文坛巨匠在这里都留下了歌咏陈楚中心淮阳的不朽佳篇。包公陈州放粮也发生在这里。

除老子、孔子二位大圣人之外，陈楚地区自古人杰地灵，孕育了如蔡衍、谢安、袁绍、徐世隆、顾佐、轩輗、袁甲三、朱丹陛、李子纯、李鸣钟等著名历史人物。

老子首开陈楚文化之源

道德经

陈楚文化所孕育的最主要的思想成果是老子的《道德经》。《史记》记载：

老子者，楚苦县厉乡曲仁里人也，姓李氏，名耳，字聃。周守藏室之史也。

老子生活的春秋末年，正是中华主体文化形成和发展的"轴心时代"，与博大而丰富的中华文化一样，老子思想也是春秋及其更早时代多方文化相融合的结果。

老子曾作周史官，其思想当然会有周代史官文化的影响。但是，作为一个生于陈地的哲学家、思想家，老子的思想形成却得益于陈地多元化、复合性的文化滋养。《老子》中所包含的丰富的文化意蕴也是由老子的原居地陈楚地区的生活背景和文化背景决定的。

关于老子学说及其道家思想的起源，班固在《汉书·艺文志·诸子略》中考察诸子各派源流时指出："道家者流，盖出史官。历纪成败祸福古今之道，然后知秉要执本，清虚以自守，卑弱以自持。此君王南面之术也。"认为老子及其道家思想源于史官和帝王经验。

朱熹也说道：

021

大道传承

先贤遗风

■ 《老子骑牛出关图》

> 盖老聃，周之史官，掌国之典籍，三皇五帝之书，故能述古事而倍好之。如五千言，亦或古有是语而老子传之，未可知也。

老子在哲学上使北方丰富的政治、军事经验跟南方所特有的那种浪漫、华美的精神特质结合起来，并得到思辨性的升华。或者说，老子思想是南北文化耦合的产物。

朱熹 南宋著名的理学家、思想家、哲学家、教育家、诗人、闽学派的代表人物，世称朱子，是孔子、孟子以来最杰出的弘扬儒学的大师。承北宋周敦颐与二程学说，创立宋代研究哲理的学风，称为理学。其著作甚多，辑定《大学》《中庸》《论语》《孟子》四书作为教本。

老子与孔子

　　鹿邑太清宫遗址是老子故里，这里发现大面积商、周或更早时期的墓葬及千余件遗物，墓葬及祭祀器皿有明显的东夷文化特点；显露出唐、宋、金、元等时期太清宫后宫基址，其中宋代后宫规模宏大，布局严整，确如史书所载太清宫"如帝者居"。

　　据史书所载，唐代高宗，宋代真宗皇帝曾亲临鹿邑祭祀老子，这在太清宫碑刻中都有所印证，足以确认鹿邑太清宫为老子故里。老子故里所在的陈地地跨黄河、淮河两大流域，春秋时期，这里正是多方文化交汇的中心地带。

　　夷族崇巫，所以楚、陈等受东夷文化影响的地区也巫风极盛。从古籍所载看，楚人是十分崇信鬼神的。如《吕氏春秋·异宝篇》说："楚人信鬼。"《汉书·地理志》记载："楚人信巫鬼，重淫祀。"

　　楚地巫觋活跃，凡事皆由巫觋祈祷鬼神，《国语·楚语下》记载："民之精爽不携贰者，而又能齐肃衷正，其智能上下比义，其圣能光远宣朗，其明能光照之，其聪能听彻之，如是则明神降之，在男曰觋，在女曰巫。"

陈地巫风在《诗经·陈风》也有充分的反映，《陈风》中最著名的一首诗《宛丘》所描绘的即是一个典型的祭祀歌舞场景。

郑玄《诗谱》称：

> 大姬无子，好巫觋，祷祈鬼神歌舞之乐，民俗化而为之。

说陈地好巫源于武王之女、胡公之妻大姬，其实陈地巫风主要的还是受其原生土著文化的影响。

陈楚地区丰富的巫觋之风和原始崇拜的民间背景，对老子哲学思想和他的"道"的观念的产生，无疑具有深刻的影响和必然的联系。

《老子》是一部"哲学诗"，不仅仅是这部书节奏整齐、音韵和谐。在《老子》一书中，有许多比喻形象，如以"谷神""玄牝"等喻"道"。

老子"道"的概念的形成是脱胎于陈楚地区的神话观念。

阅读链接

老子处于神话思维向理论思维、原始思维向哲学抽象思维的过渡阶段的独特地位，他的关于"道"的观念是从神话思维的具体表象中抽象出来的，是把巫觋的宇宙观抽象化、逻辑化的结果。

老子从陈楚地区丰厚的地域文化中汲取材料，在陈楚地区原始宗教神话和巫觋观念基础上建立起他的思辨性概念、范畴体系，因而，其学说黏附着或依托在巫学核心的"神话意象"和陈楚地区的民俗观念之上，带有鲜明的陈楚文化特色。

这也是老子学说不同于以北方"史官文化"为渊源和核心的儒家学说的原因。

孔子三居陈地讲学不辍

孔子立像

孔子是古代伟大的思想家和教育家。他一生周游了许多国家，宣传他的儒家学说。但令他至死都念念不忘的是他在陈国的几段经历。

公元前489年，孔子第三次到陈国讲学。这一年，吴国攻打陈国，陈国求救于楚国，最后楚国发兵与吴军战于城父，即安徽亳州东南。

楚昭王听说孔子在陈国，派人聘请孔子。陈国和蔡国的大夫们商议说："孔子当今贤士，他每到一国，都能针对该国状况向国君提出治国方针。现在他长时间游说在我们国家，一旦他被楚国重用，那么我们这些人就危险了。"

于是他们组织人把孔子拦在陈蔡之间，使他去不了楚国。孔子和他的弟子们一连被困十余日，无可奈何，就在这期间发生了一件动人的故事。

传说孔子及其弟子当初来陈国路上，遇到一高一低两个采桑女子。孔子即兴说："南枝窈窕北枝长。"

高个女子答："夫子到陈必绝粮。"

■ 《在陈绝粮图》

低的说："九曲明珠穿不得，"

高的接道："回来问我桑采娘。"

不想日后真的应验了她们的话，孔子便命徒弟颜渊和子贡找到那采桑女，采桑女便拿出九曲宝珠和一根丝线说："你们能把线穿过宝珠，我们就告诉你们解困的办法。"

他们穿了大半天，可就是穿不过细小的珠孔，于是就向低个女请教。低个女说："把线头蘸上蜂蜜，找个蚂蚁衔住线头，用香火烧蚂蚁屁股，蚂蚁便钻珠孔，线头就穿过了。"

子贡按此法果然线穿珠孔。这时高个女才对他们说："你们要想不挨饿，城南二十五里村有个叫范丹的人，可以找他借粮。"

于是子贡找到了范丹，范丹对他说："听说孔子学

颜渊 即颜回，春秋时期鲁国人，他14岁即拜孔子为师，此后终生跟随孔子。在孔门诸弟子中，孔子对他的称赞也是最多，不仅赞其"好学"，而且还以"仁人"相许。历代文人学士也对他无不推尊有加，宋明儒者更好"寻孔、颜乐处"。

■ 孔子及弟子画像

子贡 政治家，儒商之祖，官至鲁、卫两国之相。是孔门七十二贤之一，孔门十哲之一，且列言语科之优异者。孔子曾称其为"瑚琏之器"。他利口巧辞，善于雄辩，且有干济才，办事通达。他还善于经商之道，曾经经商于曹、鲁两国之间，富致千金，为孔子弟子中首富。

问很大，你是他的弟子，我问你个问题，答对了就借粮给你。"

于是，他问子贡道："什么香，什么臭，什么高，什么厚？"

子贡认为这不难，不假思索地答道："肉香屎臭，天高地厚。"

范丹说："错了，你回去问你师傅去吧，他一定知道。"

子贡垂头丧气见到孔子，向老师说明原委。孔子笑笑说："应该答'饿了香饱了臭，爹娘的恩情高，真诚的友谊厚'。"

子贡把话跟范丹一说，范丹感慨地说："不愧为是'仁、爱、礼、智、信'的圣人啊！"遂无偿济粮。

相传孔子和弟子们困于陈蔡之间时，发生过这样的一个小插曲：夜黑风高，米不够吃，孔子决定熬粥给弟子们喝。其他弟子去拾柴火，颜回负责烧火看锅。孔子则坐在离火不远的地方翻看竹简。

过了一会，孔子偶然抬头，发现颜回正用勺子从锅里舀起粥来送进口中。孔子一怔。但他不动声色，继续观察。

过了一会儿，他又看见颜回从锅里舀起粥正要往口里送，孔子马上把他叫住，责问道："回啊，你怎能这样做呢？这可不像你平时的作为啊！"

颜回一愣，旋即明白过来，赶紧笑答道："先生，我不是偷吃！我是见有柴灰落在锅里，本想舀出扔了，可又带出米汤，不忍心浪费，就把它喝了。"

孔子由此感叹道："常言道：眼见为实。今天看来，眼见未必为实啊！"

■ 颜回立像

大家被拦在陈蔡这里无处可去，孔子却还在不停地给大家讲学，朗诵诗歌、歌唱、弹琴。子路很生气地来见孔子："君子也有困窘的时候吗？"

孔子说："君子在困窘面前能坚持节操不动摇，小人遇到困窘就会不加节制，什么过火的事情都做得出来。"

这时子贡的脸色也变了。孔子说："赐啊，你认为我是博学强记的人吗？"

子路　仲由，字子路，孔子得意门生。以政事见称。性格爽直率真，有勇力才艺，敢于批评孔子。孔子了解其为人，评价很高，认为可备大臣之数，做事果断，信守诺言，勇于进取，曾任卫蒲邑大夫、季氏家宰。

子贡回答说："是的。难道不对吗？"

孔子说："不是的。我是用一种基本原则贯穿全部知识中的。"

孔子知道弟子们心中不高兴。便叫来子路问道："《诗经》上说'不是犀牛也不是老虎，然而它却徘徊在旷野上'，难道是我们学说有什么不对吗？我们为什么会落到这种地步呢？"

子路说："大概是我们的德还不够吧？所以人家不信任我们；想必是我们的智谋还不够吧？所以人家不放我们通行。"

孔子说："有这样的话吗？仲由啊，假使有仁德的人必定能使人信任，哪里还会有伯夷、叔齐饿死在首阳山呢？假使有智谋的人就能畅行无阻，哪里会有王子比干被剖心呢？"

子路退出，子贡进来见孔子。孔子又对子贡问了同一个问题。子贡回答说："老师的学说博大到极点，所以天下没有一个国家能容纳老师。老师何不降低一些您的要求呢？"

陈楚风韵

陈楚文化特色与形态

子贡塑像

孔子说："赐啊，好的农夫虽然善于耕种，但他却不一定有好的收获；好的工匠虽然有精巧的手艺，但他的所作却未必能使人们都称心如意。有修养的人能研修自己的学说，就像网一样，先构出基本的大纲统绪，然后再依疏理扎，但不一定被世人所接受。现在你不去研修自己的学说，反而想降格来敬合取容。赐啊，你的志向太不远大了。"

子贡出去后，颜回进来见

■ 孔林"子贡庐墓处"

孔子。孔子又问他相同的问题。颜回回答说："老师的学说博大到极点了，所以天下没有一个国家能容纳老师。虽然是这样，老师还是要推行自己的学说，不被天下接受又有什么关系呢？不被接受，这样才能活出君子的本色！一个人不研修自己的学说，那才是自己的耻辱。至于已下大力研修的学说不被人所用，那是当权者的耻辱了。"

孔子听了欣慰地笑着说："是这样的啊，姓颜的小伙子！假使你有很多钱财，我愿意给你做管家。"

于是派子贡到楚国去。

另一个传说是，当孔子及其弟子饥肠如鼓，孔子仍诵讲不止时，感动了湖中一条大鲫鱼，为了救孔子师徒的性命，自动跳上岸来让他们煮吃。

这些都是民间传说，真正救孔子师徒命的是湖中的白嫩甘甜的蒲根，据说，淮阳后世著名的宴客特产

比干，子姓，一生忠君爱国倡导"民本清议，士志于道。"为殷商贵族商王太丁之子，幼年聪慧，勤奋好学，20岁就以太师高位辅佐帝乙，又受托孤重辅帝辛。从政40多年，主张减轻赋税徭役，鼓励发展农牧业生产，提倡冶炼铸造，富国强兵。受其兄帝乙的嘱托，忠心辅佐侄儿。

孔子杏坛讲学图

蒲菜，就是源于当年孔子被困时的发现。

第五日，孔子在幽谷中发现了一片兰花，它们千姿百态，争芳斗艳，令人陶醉。孔子认为这些兰花生长在幽谷，不为人所知，不为人所赏，不为人所赞，默默地迎朝晖，送晚霞，装点着荒山野岭，慷慨地抛洒着色与香，它们是真正的君子。孔子将弟子们召集过来，让大家观赏、品评，并操琴赞颂，即兴作《倚兰操》。

阻拦孔子师徒的人中有两名兵勇，非常敬佩孔子，他们悄悄逃走，并把孔子师徒被围的消息报告给了楚军。楚国将军十分仰慕孔子，并且知道孔子是应楚昭王邀请从陈国到楚国的，于是亲自率领部队到幽谷营救孔子师徒，并护送孔子师徒经过蔡国，进入楚国境内。

阅读链接

孔子共到陈国讲学三次，最长的一次是3年。

陈人为纪念孔子对淮阳传播文化知识的重大贡献，在湖中建弦歌台祭奠。淮阳人民是世代敬仰孔子的，困厄他的只是陈国腐朽的士大夫。

孔子在卧床病危时说："怎么跟我在陈蔡被困的学生们都不在我跟前啊！"说明他对陈蔡绝粮是至死不忘的。

谢安儒道互补治理国家

谢安，字安石，东晋名士、宰相，祖籍陈郡阳夏，大名士谢尚的从弟。

谢安出身于名门世家，从小受家庭的影响，在德行、学问、风度等方面都有良好的修养。4岁时，谯郡的名士桓彝见到他大为赞赏，说："此儿风神秀彻，后当不减王东海。"王东海即指东晋初年名士王承。

■谢安画像

当时的宰相王导也很器重谢安，青少年时代的谢安就已在上层社会中享有较高的声誉。然而谢安并不想凭借出身、名望去猎取高官厚禄。

东晋朝廷先是征召他入司徒

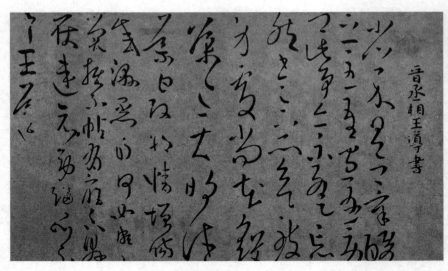

晋丞相王導書

■ 王导的草书

谢玄（343年—388年），字幼度，陈郡阳夏人。东晋名将、文学家、军事家。21岁时为大司马桓温部将，后官至都督徐、兖、青、司、冀、幽、并七州诸军事。有经国才略，善于治军。他招募北来民众中的骁勇之士，组建训练一支精锐部队，号为"北府兵"。

府，接着又任命他为佐著作郎，都被谢安以有病为借口推辞了。后来，拒绝应召的谢安干脆隐居到会稽的东山，与王羲之、许询、支道林等名士名僧频繁交游，出则渔弋山水，入则吟咏属文，优游于山林，就是不愿当官。

当时扬州刺史庾冰仰慕谢安的名声，几次三番地命郡县官吏催逼，谢安不得已，勉强赴召。仅隔一个多月，他又辞职回到了会稽。后来，朝廷又曾多次征召，谢安仍然予以回绝。

以此激起了不少大臣的不满，接连上疏指责谢安，朝廷因此作出了对谢安禁锢终身的决定，经皇帝下诏才赦免。然而谢安却不屑一顾，泰然处之。

谢安在东山时，兄弟的子女都归他教养。他善于教育子弟，往往以身作则，潜移默化。其中以谢道韫、谢玄兄妹最为出色，也最受谢安喜爱。

谢安曾问子侄们分别喜欢《诗经》中的哪一句，

谢玄说："杨柳依依"，谢道韫说："吉甫作颂，穆如清风"，谢安因此而称赞谢道韫有"雅人深致"，而谢安则最喜欢"訏谟定命，远猷辰告"，这一句也被后世史学家认为是他的政治思想的概括。

在一个寒冷的雪天，谢安把家人聚在了一起，跟子侄辈的人谈诗论文。不一会儿，下起了又大又急的雪，谢安高兴地说："这纷纷扬扬的大雪像什么呢？"

他侄子胡儿说："跟把盐撒在空中差不多。"

道韫说："不如比作柳絮被风吹得漫天飞舞。"

谢安高兴得大笑起来。

谢安很注重孩子们的自尊心。谢玄小时候好虚荣，佩戴了紫罗香囊，谢安没有直接指责，而是打赌赢了香囊以后当面烧毁，以此来教育谢玄不适宜佩戴这样浮华的东西。

谢朗不知道"熏老鼠"的笑话是自己父亲谢据的，也跟着世人一起嘲笑，谢安知道以后，故意把自己也说成做这件傻事，启发谢朗去懂得不应该随意嘲笑别人。

谢安虽然屡屡不愿出山，但当时的士大夫却都对他寄予很大的期望，以致时常有人说："谢安石不肯出，将如苍生何？"

谢安的妻子刘氏是名士刘惔的妹妹，眼看谢氏家族中的谢尚、谢奕、谢万等人一个个都位高权重，只有谢安隐退不出，曾对谢安说："夫君难道不应当像他们一样吗？"

沈周临戴进谢安《东山图》

中丞 我国古代官职名。汉代御史大夫下设两丞，一称御史丞，一称御史中丞。因中丞居殿中而得名。掌管兰台图籍秘书，外督部刺史，内领侍御史，受公卿奏事，举劾按章。由于此职务负责察举非案，所以又称御史中执法。东汉以来，御史大夫转为大司空，以中丞为御史台长官。

■ 谢玄画像

谢安掩鼻答道："只怕难免吧！"

谢万是谢安的弟弟，他的气度虽然不如谢安，却也很有才气，而且年纪轻轻就颇有名气，仕途通达。

358年，谢安的哥哥谢奕去世，谢万便被任命为西中郎将，监司、豫、冀、并四州诸军事，兼任豫州刺史。然而他并不是统兵作战的材料，次年十月受命北征时，仍然是一副名士派头，只顾吟啸歌咏、自命清高，不知抚绥部众。

谢安对弟弟的做法非常忧虑，劝诚说："你身为元帅，理应经常交接诸将，以取悦部众之心。像你这样傲诞，怎么能够成事呢？"

谢万于是召集诸将，想抚慰一番。不料这位平时滔滔不绝的清谈家竟连一句抚慰的话都讲不出，憋了半天，干脆用手中的铁如意指着在座的将领说："诸将都是劲卒。"

谢安无奈，只得代替谢万，队帅以下将领亲自拜访，尽力加以抚慰，拜托他们尽力协助谢万。

360年，征西大将军桓温邀请谢安担任自己帐下的司马，谢安接受了。这本来只是很寻常的事情，然而消息传出以后，竟然引起了朝野轰动。

在他动身前往江陵的时

■ 晋军印信

候，许多朝士都赶来送行，中丞高崧挖苦说："卿屡次违背朝廷旨意，隐居在东山不出，人们时常说：'安石不肯出，将如苍生何！如今苍生又将如卿何！'"

而谢安依然毫不介意。

桓温得了谢安十分兴奋，一次谢安告辞后，桓温对手下人说道："你们以前见过我有这样的客人吗？"

371年，桓温在咸安元年废黜了司马奕，另立会稽王司马昱为帝，是为简文帝。此时的谢安已担任了侍中，不久又升任为吏部尚书。他洞悉桓温的野心，也知道简文帝比被废黜的司马奕也强不了多少，但他仍然忠心匡扶朝廷，竭力不让桓温篡权的图谋得逞。

372年，简文帝驾崩，太子司马曜即位，是为孝武帝。原来满心期待着简文帝临终前会把皇位禅让给自己的桓温大失所望。

373年二月，桓温以进京祭奠简文帝为由，率军来到建康城外，准备杀谢安等人。他在新亭预先埋伏了兵士，下令召见谢安和王坦之。

吏部尚书 古代的官名，六部中吏部的最高级长官，雅称大冢宰。掌管全国官吏的任免、考课、升降、调动、封勋等事务，是吏部的最高长官，为中央六部尚书之首。唐宋是正三品，明代是正二品，清代为从一品。通常称为天官、冢宰、太宰。

陈楚风韵

陈楚文化特色与形态

当时，京城内人心惶惶，王坦之非常害怕，问谢安咋办。谢安说："晋祚存亡，在此一行。"

王坦之硬着头皮与谢安一起出城来到桓温营帐，紧张得汗流浃背，把衣衫都沾湿了，手中的朝板也拿颠倒了。

谢安却从容不迫地就座，然后神色自若地对桓温说："我听说有道的诸侯守在四方，明公何必在幕后埋伏士卒呢？"

桓温只得尴尬地下令撤除了埋伏。

由于谢安的机智和镇定，桓温始终没敢对二人下手，不久就退回了姑孰。迫在眉睫的危机，被谢安从容化解了。

■ 谢安纪念馆

同年三月，桓温得了重病，不久抱憾而死。桓温死后，谢安被任命为尚书仆射兼吏部尚书，与尚书令王彪之一起执掌朝政。

数月后，中书令王坦之出任徐州刺史，谢安又兼总中书省，实际上总揽了东晋的朝政。

为了稳定政局，谢安实行了着眼于长远，以和谐安定为重的执政方针。他仍然信任和重用桓温的弟弟桓冲，让他担任都督徐、豫、兖、青、扬五州诸军事和徐州刺史，负责镇守京口，后来又转为都督七州诸军事，兼任荆州刺史。桓冲也深明大义，认为自己的德望不及谢安，心甘情愿地以镇守四方为己任。

将相关系的协调，促进了政局的稳定。当时人赞扬谢安，将他比作王导，而文雅则更胜一筹。

谢安此后又领扬州刺史，皇帝下诏准许谢安带甲仗百人入殿。进拜中书监，骠骑将军、录尚书事，谢安推让骠骑将军职务。不久，加司徒，再加侍中、都督扬豫徐兖青五州及燕国诸军事。

■ 谢安雕塑

内部安定之后，谢安又把注意力转向对付来自北方的威胁。当时，前秦在苻坚的治理下日益强盛，东晋军队在与前秦交战中屡遭败绩。谢安派弟弟谢石、侄子谢玄率军征讨，接连取得胜利。因功被拜为卫将军、开府仪同三司，封爵建昌县公。又命谢玄训练出战斗力很强的北府兵，为抗击前秦做好了准备。

383年，苻坚率领着号称百万的大军南下，志在吞灭东晋，统一天下。其时军情危急，建康一片震恐，可是谢安依旧镇定自若，以征讨大都督的身份负责军事，并派了谢石、谢玄、谢琰和桓伊等人率兵八万前去抵御。

谢玄手下的北府兵虽然勇猛，但是前秦的兵力比东晋大十倍，谢玄心里到底有点紧张。出发之前，谢玄特地到谢安家去告别，请示一下这个仗怎么打

仪同三司 古代官名。始于东汉。本意指非司马、司徒、司空三公而给以与三公同等的待遇。魏晋以后，将军开府置官属者称开府仪同三司。至南北朝末，遂以仪同三司为一种官号，并置开府仪同大将军、仪同大将军等官。

■ 淝水之战图

陈楚文化特色与形态

法。哪知道谢安听了像没事一样，轻描淡写地回答说："我已经有安排了。"

谢玄心里想，谢安也许还会嘱咐些什么话。等了老半天，谢安还是不开腔。谢玄回到家里，心里总不大踏实。隔了一天，又请他的朋友张玄去看谢安，托他向谢安探问一下。

谢安一见到张玄，也不谈什么军事，马上邀请他到他山里一座别墅去。到了那里，还有许多名士先到了。张玄要想问，也没有机会。

谢安请张玄陪他一起下围棋，还跟张玄开玩笑，说要拿这座别墅做赌注，比一个输赢。张玄是个好棋手。平常跟谢安下棋，他总是赢的。但是，这一天，张玄根本没心思下棋，勉强应付，当然输了。

下完了棋，谢安又请大伙儿一起赏玩山景，整整游玩了一天，到天黑才回家。这天晚上，他把谢石、谢玄等将领，都召集到自己家里，把每个人的任务一件件、一桩桩交代得很清楚。大家看到谢安这样镇定自若，也增强了信心，高高兴兴地回到军营去了。

那时候，桓冲在荆州听到形势危急，专门拨出3000名精兵到建康来保卫京城。谢安对派来的将士说："我这儿已经安排好了。你们还是回去加强西面的防守吧！"

将士回到荆州告诉桓冲，桓冲很担心，他对将士说："谢公的气度确实叫人钦佩，但是不懂得打仗。眼看敌人就要到了，他还那样悠闲自在：兵力那么少，又派一些没经验的年轻人去指挥。我看我们准要遭难了。"

当晋军在淝水之战中大败前秦的捷报送到时，谢安正在与客人下棋。他看完捷报，便放在座位旁，不动声色地继续下棋。客人憋不住问他，谢安淡淡地说："没什么，孩子们已经打败敌人了。"

直至下完了棋，客人告辞以后，谢安才抑制不住心头的喜悦，舞跃入室，把木屐底上的屐齿都碰断了。淝水之战的胜利，使谢安的声望达到了顶点。以总统诸军之功，进拜太保。

谢安曾从王羲之学行书，其书法非常出色，其行书为妙品。后世米芾曾称赞他的书法"山林妙寄，岩廊英举，不鼓不羲，自发淡古。"有《近问帖》《善护帖》《中郎帖》等存世。

谢安多才多艺，善行书，通音乐，对儒、道、佛、玄学均有较高的素养。他治国以儒、道互补；作为高门士族，能顾全大局，以谢氏家族利益服从于晋室利益，这与王敦、桓温之徒形成了鲜明对照。

他性情闲雅温和，处事公允明断，不专权树私，不居功自傲，有宰相气度、儒将风范，这些都是谢安为人称道的品格。

阅读链接

谢安逝世之后，民间尊奉为神祇，称为"谢千岁""谢圣王""谢王公""谢老元帅""广惠圣王""广惠尊王""广应圣王""广应尊王""显济灵王""护国尊王"等。

唐代陈元光将军率领部队官兵入漳州时，携带谢安之香火，并尊奉谢安为"广惠王"。而对广惠王的信仰，也随着漳州人来到南洋、台湾等地。

谢灵运开创山水诗派

　　谢灵运，东晋陈郡阳夏人，出生在会稽始宁，原为陈郡谢氏士族，东晋名将谢玄之孙，以袭封康乐公，称谢康公、谢康乐。

魏晋南北朝谢玄彩像

　　谢灵运是我国文学史上山水诗派的开创者。由谢灵运始，山水诗乃成我国文学史上的一大流派，最著名的是《山居赋》，也是见诸史册的第一位大旅行家。谢灵运还兼通史学，工于书法，翻译佛经，曾奉诏撰《晋书》。

　　385年，谢灵运出生，父谢瑍，其母刘氏为王羲之外孙女。

　　谢灵运从小寄养在钱塘杜家，幼年便颖悟非常，谢灵运15岁时，去京都旧居作乌衣之旅，受其叔器

■ 东晋农耕图壁画

重，赞道："文章之美，江左莫及。善书，诗书皆兼独绝，每文竟，手自写之。"

谢灵运还兼通史学，精通老庄哲学，翻译佛经，工于书法、绘画。宋文帝刘义隆曾称赏他的诗和字为"二宝"。

东晋时，谢灵运8岁袭封康乐公。405年，谢灵运已20岁，出任琅琊大司马行参军，后任太尉参军、中书侍郎等职。

但谢灵运好营园林，游山水，制作出一种"上山则去前齿，下山去其后齿"的木屐，后人称之为"谢公屐"。与族弟谢惠连、东海何长瑜、颍川荀雍、泰山羊璿之，以文章赏会，共为山泽之游，时人谓之四友。

传说谢灵运游雁荡山筋竹涧时，惊动了山下的一位财主。这位财主平素在乡里横行霸道，这时却现出一副奴颜媚相。他办了一席山珍海味，一心要巴结上这一府之主。

但是谢灵运不爱权贵，更讨厌阿谀奉承的人，拒绝赴宴，径自翻山越岭而去。财主见谢灵运攀登山岭

乌衣 即指乌衣巷，在南京秦淮河的南岸，三国时期是吴国戍守石头城的部队营房所在地。当时军士都穿着黑色的制服，故以"乌衣"为巷名。后为东晋时高门士族的聚居区，东晋开国元勋王导和指挥淝水之战的谢安都住在这里。

永嘉 汉代惠帝三年所建的东瓯国，定都在永嘉境内。隋文帝开皇九年设永嘉郡，历史上书法大家王羲之和山水诗鼻祖谢灵运曾任永嘉太守。文学史上有南宋诗坛独树一帜的"永嘉四灵"，哲学史上有倡导务实理财治国的"永嘉学派"，戏曲史上具有重要影响的"永嘉昆剧"，都给后世以很大的影响。

后汗流浃背，便尾随着为灵运挥舞扇子。

谢灵运却冷冰冰地说："山风习习，已够凉爽，不必多此一举。"

走到一块岩石上，脚一歪，登山木屐的齿碰坏了，掉到了山下。谢灵运脱下脚穿的木屐，换上一双布鞋继续登山。

不一会儿，只见财主拎着木屐赶来说："太守，您把木屐忘了。"

谢灵运厌烦地说："无齿的东西，要它何用？""无齿"与"无耻"同音，财主顿时羞怯满面通红。

后人为了纪念谢灵运，就把他所翻越的山岭叫作"谢公岭"，并且在他当年掉木屐的山坡上建起了"落屐亭"。

景宁的沐鹤溪边有"浣纱潭"三个大字，下署"永嘉太守康乐公谢灵运题。"说起浣纱潭，当地有一个神奇的传说：

谢灵运受命任永嘉太守时，有一天，他来到沐鹤溪畔，只见波清水碧，风景如画。他诗兴大发，正想吟上几句，忽见前面垂柳下，有两位红衣姑娘在水边浣纱，轻轻的笑语顺风传来。谢灵运舍舟登岸，向两位姑娘走去。

两位姑娘忽然见一个陌生人走到身边，立即收起笑语，低头不

■ 谢灵运画像

陈楚文化特色与形态

做声。谢灵运心想，我何不来个投石问路，试试两位姑娘的才气，就清了清喉咙，随口吟道：

浣纱谁家女，香汗湿新服。
对人默无言，何事甘辛苦？

两位姑娘听了，并不作答，只是抬起头来对谢灵运淡淡一笑。哎哟，姑娘真美，笑得更美。谢灵运眼前一亮，正待上前再搭话，谁知两位姑娘提起竹篮，顺溪岸跑了。

■ 谢灵运山水画

谢灵运跟着沿溪而下，来到一个深水潭边，见两个姑娘放下竹篮，双双俯身浣纱。

谢灵运心想：好傲气的村姑，你们不理睬我一府太守，我偏要戏弄一番，看你俩开口不开口？于是又走到两位姑娘身旁，扬声吟道：

我是谢康乐，一箭射双鹤。
试问浣纱女，箭从何处落？

吟罢，只听见两位姑娘"吃吃"一笑，随即异口同声回吟道：

妾本潭中鲤，偶尔滩头嬉。
嬉罢自返潭，萍踪何处觅？

太守　原为战国时代郡守的尊称，西汉景帝时，郡守改称为太守，为一郡最高行政长官，除治民、进贤、决讼、检奸外，还可以自行任免所属掾史。至隋初遂存州废郡，以州刺史代郡守之任。此后太守不再是正式官名，仅用作刺史或知府的别称。明清则专称知府。

吟声刚落，两位姑娘双双挽着手，纵身跃入碧波深潭中去，潭水溅起一阵水花，随即又平静如镜，仔细看时，只见碧波中游着两尾红鲤鱼，它们朝谢灵运将头点晃三下，尾巴摇摆三下，双双潜入水底去了。

谢灵运见姑娘双跃潭，大吃一惊，后见双红鲤对他点头摇尾，又仔细体味姑娘回吟的诗句，不由又惊喜又惋惜，对着丘潭长长叹了一口气，而后取出笔墨，在深水潭旁题了"浣纱潭"三个字。

自此，民间就传开了谢灵运对诗鲤鱼精的故事。谢灵运题字的"浣纱潭"，人们也称为鲤鱼潭。沐鹤溪的上游，也被称为浣纱溪。

谢灵运的山水诗，大都描写会稽、永嘉、庐山等地的山水名胜，善于刻画自然景物，开创了文学史上的山水诗一派。

谢灵运写的诗艺术性很强，尤其注意形式美，很受文人雅士的喜爱。诗篇一传出来，人们就竞相抄录，流传很广。

宋文帝很赏识他的文学才能，特地将他召回京都任职，并把他的诗作和书法称为"二宝"，常常要他边侍宴，边写诗作文。

根据《释常谈》记载：有一次，谢灵运一边喝酒一边自夸道："魏晋以来，天下的文学之才共有一石，其中曹子建独占八斗，我得一斗，天下其他的人共分一斗。"

谢灵运说曹子建才高八斗主要应该是谢灵运比较崇拜曹子建，尤其是那篇洛神名赋，当然夸张的成分是很大的。谢灵运说这话一方面高抬了曹植，另一方面又未免有自

■ 谢灵运隐居创作图

陈楚风韵

陈楚文化特色与形态

谦之词，其实他的文学才华与成就，并不在曹植之下。

谢灵运在隐居期间，"修营别业，傍山带江，尽幽居之美，与隐士王弘之、孔淳之等放纵为娱，有终焉之志，作《山居赋》自注以言其事。"

这期间创作诗文颇丰，有《会吟行》《田南树园激流植援》《石壁立招提精舍》《石壁精舍还湖中作》《南楼中望所迟客》《石门新营所住四面迥溪石濑茂林修竹》《述祖德诗》等诗篇。

谢灵运的文章以阐述佛道思想为多，有《与庐陵王义真笺》《和范先禄祇洹像赞三首》《和从弟惠连无量寿颂》《维摩诘经》中十譬八首，《伤己赋》《逸民赋》《昙隆法师诔》等。从作品中反映，他的隐居生活安闲自适，投入颇深。

阅读链接

谢灵运的诗文大都是一半写景，一半谈玄，他的创作极大地丰富和开拓了诗的境界，使山水的描写从玄言诗中独立了出来，从而扭转了东晋以来的玄言诗风，确立了山水诗的地位。从此山水诗成为我国诗歌发展史上的一个流派。

谢灵运善于用富艳精工的语言记叙游赏经历、描绘自然景物，多有形象鲜明、意境优美的佳句，对唐代的诗歌发展有一定的影响。

唐朝大诗人李白对谢灵运颇为推崇，曾有"吾人咏歌，独惭康乐"之句。

陈抟苦修终成儒师道祖

陈抟，河南真源县，即鹿邑县太清宫镇陈竹园村人，五代宋初著名道教学者、隐士。

陈抟继承汉代以来的象数学传统，并把黄老清静无为思想、道教修炼方术和儒家修养、佛教禅观会归一流，对宋代的理学有较大的影响，后人称其为"陈抟老祖""睡仙""希夷祖师"等，是传统神秘文化中富有传奇色彩的一代宗师。

■陈抟画像

871年，陈抟出生于河南真源县，真源县的前身是苦县、谷阳县，因为是老子故里，真源县太清宫被称为老子诞生地。

陈抟年少时，好读经史百家之书，一见成诵，悉无遗忘，颇有诗名。五代后唐长兴中，举进士不第，遂不求仕进，从后晋至后周，娱情山水，凡二十余年。

陈抟自言曾遇孙君仿、麚皮处士二人，谓武当山九室岩可以隐居。因入武当山，服气辟谷，但日饮酒数杯。据北宋人文同称，他于后晋天福中曾人蜀，从邛州天师观都威仪何昌一学睡功"锁鼻术"。魏泰谓其"或一睡三年"。

鹿邑县城东南隅有一座陈抟庵，是鹿邑人纪念"睡仙"陈抟的地方。

■ 陈抟画像

说起陈抟庵的来历，还有一个民间传说：陈抟在世的时候，好在老君台前散步。他看了老子著的书，称赞不已，就赠送老子一副对联：

> 开张天岸马；
> 奇逸人中龙。

一天，陈抟又到老君台前散步，见一个白须银发的老头儿在地上躺着睡觉。陈抟见老头儿嘴里吹着气儿，胡子一动一动的，"噗！"嘴里吐出一个像红枣一样的药丸子。陈抟拾起来一闻，晕倒了，不由自主地张开了嘴，那药丸蹦到嘴里，一下子滑进肚子里。

就这样，陈抟在这里睡起觉来，睡醒一问，几十

辟谷 即不吃五谷，而是食气，吸收自然正能量。是道家修炼的一种方法，后世则是用来减肥、养生、疗疾等。其原理道家一方面认为：人食五谷杂粮，在肠中积结成粪产生秽气；另一方面以《庄子·逍遥游》描述了"不食五谷，吸风饮露"企求达到长寿的目的。

■ 老子雕塑

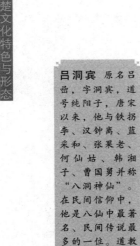

吕洞宾 原名吕嵒，字洞宾，道号纯阳子，唐宋以来，他与铁拐李、汉钟离、蓝采和、张果老、何仙姑、韩湘子、曹国舅并称"八洞神仙"。在民间信仰中，他是八仙中最著名、民间传说最多的一位。道教全真派北五祖之一，全真道祖师，钟、吕内丹派、三教合流思想代表人物。

年过去了。陈抟慢慢省悟起来：原来是老子度他成仙的。那个吐药丸的白胡子老头儿就是老子。

后来，人们就在陈抟睡觉的地方盖座庙，庙里塑了陈抟的睡像，起名叫陈抟庵。

陈抟本有大志，然"数举不第"，且厌五代之乱，又所交往者多高道隐士，因此逐渐形成"出世"思想。937年在蜀时，有诗道：

我谓浮荣真是幻，醉来舍辔谒高公。
因聆玄论冥冥理，转觉尘寰一梦中。

大约在后周或稍前，陈抟移居华山云台观，又止少华石室。"每寝处，多百余日不起"。

据宋朝《国史》称，大约在此期间，他与另外两位传奇人物吕洞宾、李琪交往甚密。再传弟子陈景元又称其与谭峭为师友。自此，其名大振。

956年，后周世宗"以四方未服，思欲牢笼英杰，且以抟曾践场屋，不得志而隐，必有奇才远略，于是召到阙下"，问以飞升黄白之术。

陈抟回答曰："陛下为天子，当以治天下为务，安用此为？"

命为谏议大夫，固辞不受。赐号"白云先生"，放归山；"又命陶谷草诏，令华州刺史每事须供，岁时存问。"

958年，成州刺史朱宪陛辞赴任，世宗令赍帛50匹、茶30斤赐陈抟。

陈抟将五代十国的统一寄希望于赵匡胤。据说赵氏登极，他闻讯大笑坠驴道："天下这回定也！"

入宋后，太宗赵光义曾两次召见。第一次在太平兴国初年，太宗待之甚厚。第二次在984年。据《太宗实录》《续资治通鉴长编》《东都事略》等书记载，陈抟复至汴京，以羽服见于延英殿，太宗甚为礼重。

据说太宗曾对宰相宋琪等人说："抟独善其身，不干势利，所谓方外之士也。入华山四十年，度其年近百岁人，且言天下安治，故来朝觐，此意亦可念也。即令引至中书，卿可试与之语。"

宋琪问："先生得玄默修养之

■ 云门山"寿"字石刻

道，可以授与人乎？"

陈抟回答说："抟乃山野之人，于时无用，亦不知神仙黄白之术，吐纳养生之理，非有方术可传。假令白日冲天，亦何益于世？如今圣上龙颜秀异，有天人之表，博达今古，深究治乱，真有道仁圣之主也。正是君臣协心同德、兴化致治之秋，勤行修炼，无出于此。"

宋琪等表上其言，太宗更加敬重。十月下诏，赐号"希夷先生"，并令有司增茸华山云台观。数月后放还山。

张载继承陈抟的"宇宙一气论"，提出了"太虚即气论"，两者契合，成为宋代唯物论的先源。因此，陈抟应是当之无愧的我国太极文化的创始人，宋代理学的奠基人。

陈抟所著《龙图序》，又名《易龙图序》，从

050
陈楚风韵
陈楚文化特色与形态

■ 太极图石刻

道家文化宝库中传出了《龙图》的基本内容后，世人才知道"龙图"是一个物象数理起源图示，后来认定"河图为数学之母"，"数学为科学之母"，因而才知道《龙图》的重大作用。

■ 道教至尊陈抟

《易龙图序》对南宋伟大数学家秦九韶的《数术九章》以启迪作用。他在自序中称数学基础"自爰河图洛书，八卦九畴"，即为明证。可见陈抟应是我国"龙图"第一传人。

陈抟的先天易学，是宋代新"易"学始祖。新就新在把"道儒佛"三家之学融合在一起，三教互补，融会贯通，形成我国古代完整的哲学体系。

陈抟认为：周孔《易》学为儒家一家之言，已不能适应社会发展的需要。因此，他在《正易心法注》中明确指出：

学易者，当于羲皇心地中驰骋，无于周孔语言下拘挛。

主张融合三家以治《易》、以治学、以治心、以治身、以治天下一切。

在这一学术思想的指导下，陈抟的第三弟子、大儒邵雍从事研究先天易学长达30年之久，"冬不炉，夏不扇"，写出了《皇极经世》巨著，成为历代物理学、天文学、生态学、自然环境学等自然科学的重要参考工具书。

■宋太宗赵光义画像

陈抟十分推崇《无极图》，并指导和完善道教内丹哲理，不仅使自己率先成为"天下睡功第一"，而且把秘而不传的内丹学说公开化、社会化，推动了中华平民健身发展，功在千秋。

陈抟摈弃外丹，注重内丹。他以"身口为炉""宫室为灶""肾为水""心为火""肝为木"，使肝木生心火以炼肾水，达到"成尘得变"，结成人体内的无价"金丹"；其核心是"修心养肾"控制人的欲望，不让野蛮的欲望泛滥，达到"诸欲不扰"。这样的强身延年的内丹修炼法则，一直是世人修身养性的重要指导思想。

陈抟著有《龟鉴》《心相篇》等，把古代相学引向唯物论的范畴。《龟鉴》明言："有天者贵，有地者富，有人者寿"。有天、有地，人事不修，是徒有相也。人不可貌相，只要"有天"，人在自然界，只要靠劳动和智慧去换取生活财富，"有地"，身处世间，以"道德仁义礼"等的中华民族美德来规范自己。

陈抟宣扬"天地人"三者的协调一致，不妄想，不妄为，这就是人的全相、贵相、富相、寿相的重要标志。他把自然物质的"水火"认作人的生命之源，重申了古代唯物哲学家认为宇宙万物的本源是物质的观点，维护了唯物的"天人相应论"。

更重要的是，陈抟还著《三峰寓言》《神相全篇》《高阳集》《钓谭集》《木岩集》《诗评》等，显示了他的博学多才，因此被后世尊为"儒师道祖"。

陈抟与世不争，不贪富贵，不求仕禄，不仅受到社会人士的普遍尊重，而且受到朝廷多次召见。

陈抟"道德文章系于一身"，成为中华民族古代史、政治史、文化史上的一代楷模。元代学者虞集在《题陈希夷先生画像赞》中评价他为"图书之传，百世之师"。

除了思想著作之外，陈抟于书法也很有成就，如他书写"福寿"两字，独具特色，为后世所推崇。安岳、峨眉山、华山、山东蓬莱仙境等全国各地，皆保存有陈抟书写的"福寿"两字石刻，此两字独具特色，内含"田给予福、林付长寿"八字哲理，受到世人赞叹。

其寓意是宣传道家人与自然、注重生态平衡、保护自然环境、粗食布衣等哲学思想，为后人留下一笔宝贵财富。

更有意义的是，陈抟还精通棋艺，立健脑益智之功。弈棋是一门增智强身的体育运动，古往今来受到社会的普遍重视。

四川省邛崃县的白鹤山点易洞对面有棋盘山仙人洞，是陈抟修炼时常弈棋的地方；华山有一个"博台"俗称"下棋亭"，传说陈抟与赵匡胤以棋局赢华山，其遗迹在此。"自古华山不纳粮"，就是讲的这个传说故事。

阅读链接

在陈抟以前，未见有"太极图"，亦未形成太极文化形态及其理论体系。

自陈抟创绘出"太极图""先天方圆图""八卦生变图"等一系列《易》图，并发表《太极阴阳说》后，才出现了有宋代大儒周敦颐的《太极图说》、张载的《太和论》、邵雍的《皇极经世》，程颢、程颐、朱熹等的《易传》。

从而才有中华独有的太极文化形态和一系列理论的形成，尤其是宋代理学家的形成，推动了宋代历史的进步。

苏辙在陈州教授三年

苏辙，宋代大文学家、诗人，唐宋八大家之一，与父洵、兄轼齐名，合称三苏。

1057年，苏辙与其兄苏轼同登进士科。神宗朝，为制置三司条例司属官。因反对王安石变法，出为河南推官，但苏辙并未赴任，直至1070年春，张方平知陈州，辟他为州学教授，他才离京去陈。

1070年春，苏辙在《初到陈州》诗中写道：

■苏辙像

谋拙身无向，归田久未成。

来陈为懒计，传道愧虚名。

俎豆终难合，诗书强欲明。

斯文吾已矣，深恐误诸生。

苏辙仕途不顺，本想辞官归田，但又生活无着。他在1071年张方平改任南都留台的闲职时就深有感慨地说："恨无二顷田，伴公老蓬莱。"

在苏辙看来，"循时非所安，归去亦何失"自己既不愿与时俯仰，那么归田不但没有什么损失，而且还可不做违心之事："道存尚可卷，功成古难必。"

苏辙当然希望建功立业之后再身退，但能否存道虽可由自己决定，能否建功立业却不完全决定于自己，自古以来盼望建功立业的人未必都能如愿以偿。正是基于这样的认识，所以他在陈州期间时时流露出归隐之情：

稻田一顷良自给，仕宦不返知谁扳？
久安禄廪农事废，强弓一弛无由弯。
行逢佳处辄叹息，想见茅屋藏榛菅。
我知此地便堪隐，稻苗旆旆鱼斑斑。

■ 苏辙作品

苏辙既然担任了陈州教授，当然要以传道、授业、解惑为务。但是，他从自身的经验知道，在王安石"新学"时兴的今天，他的"旧学"根本无用，而且"人生识字忧患始"，现在却要以之授人，故"深恐误诸生"。

苏门四学士之一的张耒，就是苏辙在陈州所"误"的诸生之一。《宋史·张耒传》说："张

055

大道传承

先贤遗风

推官 古代官名。唐朝始置，宋朝时三司下各部每部设一员，主管各案公事；开封府所属设左、右厅，每厅推官各一员，分日轮流审判案件；临安府设节度推官、观察推官各一员；诸州幕职中亦有节度、观察推官。

耒……游学于陈，学官苏辙爱之。因得从轼游，轼亦深知之，称其文汪洋冲澹，有一唱三叹之声。"

在苏辙兄弟的培养下，张耒进士及第，官至起居舍人。当"二苏及黄庭坚、晁补之辈相继殁，耒独存，士人就学者众"。

苏辙在陈州学官期间的主要业绩，就是培养了张耒等"有雄才，笔力甚健，于骚词尤长"的人物。

苏辙既不愿"循时"，又无法"归田"，因此他只好暂时满足于悠闲而又清贫的陈州学官生活。他在《初到陈州》之二中问道："久爱闲居乐，兹行恐遂不？"回答是肯定的："上官容碌碌，饮食更悠悠。枕畔书成癖，湖边柳散愁。"或倚枕看书，或沿湖散步，官居有如"闲居"。

陈州城西有一柳湖，是苏辙经常游览的地方，他在《次韵孙户曹朴》中写道：

陈楚风韵
陈楚文化特色与形态

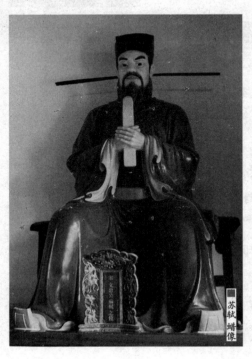
苏轼蜡像

疏慵非敢独违时，
野性癫狂不受羁。
犹有曲湖容笑傲，
谁言与物苦参差。
水干生草曾非恶，
鹤舞因风忽自怡。
最爱柳荫迟日暖，
幅巾轻履肯相随。

苏辙并非有意违时，与物多忤，而是生性疏悚、癫狂，不愿受羁绊，而陈州正好有柳湖容其笑傲，供他游赏。

柳湖虽然没有了水，但是堤边柳树成荫，景色宜人，游客甚多：

> 平湖水尽起黄埃，
> 唯有长堤万万栽。
> 病鹤摧颓沙上舞，
> 游人寂寞岸边回。

苏辙也常常幅巾轻履，追随游人，乐而忘返。特别是在1071年秋冬，雨雪甚多，累年无水的柳湖忽然水深数尺，多年不开的山茶花，第二年春却开了千余朵，这就更增加了他的游兴，可以泛舟赏花了。

■ 苏辙作王拱辰墓志

在陈州有一位致仕于家的官吏李简夫，他少而好学，详于吏道，所作诗旷然闲放，脱略绳墨，有物我相忘之意。陈州与洛阳一样，人们喜欢种花赏花。

每年春夏之交，游人不断，李简夫"携壶命侣，无一日不在其"。苏辙"间而往从之"，成了李家的座上客，时常在一起饮酒唱酬。

他在《次韵李简夫因病不出》中，描述李的闲居生活以及他们间的交往说：

> 十五年来一味闲，近来推病更安眠。
> 鹤形自瘦非关老，僧定端居不计年。

黄庭坚 北宋诗人、词人、书法家，为盛极一时的江西诗派开山之祖。诗歌方面，他与苏轼并称为"苏黄"；书法方面，他则与苏轼、米芾、蔡襄并称为"宋代四大家"。

苏辙雕像

坐上要须长满客，杖头何用出携钱。

未嫌语笑防清静，闲暇陪公几杖前。

苏辙在《李简夫挽词》中说道：

归隐淮阳市，遨游十六年。

养生能淡泊，爱客故流连。

倾盖知心晚，论诗卧病前。

葆光尘满榻，无复听谈禅！

苏辙在陈州的生活也是很清苦的，他个子高而学舍偏矮，又破又烂，不避风雨，但他并不因此而少降其志：

任从饱死笑方朔，肯为雨立效秦优？

眼前勃蹊何足道，处置六凿须天游。

读书万卷不读律，致君尧舜终无术。

劝农冠盖闹如云，送老斋盐甘似蜜。

门前万事不挂眼，头虽长低气不屈。

苏辙对眼前屋室低小，子女吵闹，根本不当回事，因为他能游心天外，不为喜怒哀乐所围。变法派崇尚法治，苏辙却"诵经史"而不读律书，没有"致君尧舜"之术，故被闲置。劝农使者冠盖如云，竞相奔驱，而苏辙却根本不放在眼里。

苏辙年少多病，夏天脾不胜食，秋天肺不胜寒。治肺则病脾，治脾则病肺，以致参加制科考试，韩琦因其病而为之延期。平时虽不离药，但总不能愈。

苏辙在陈州期间，向道士学服气法，坚持一年，两种病都好了。苏辙还通过读书研究养生之术。葛洪《抱朴子》言，服气与草木之药都不能使人长生，因为草木埋之则腐，煮之则烂，烧之则焦，不能自生，何能生人？葛洪认为要长生须服金丹，但苏辙认为金丹不易得，于是服茯苓。

古人认为松脂入地即为茯苓。而松树是"寒暑不能移，岁月不能败"的，因此想通过服食茯苓来固形养

苏轼书法石刻

茯苓 为寄生在松树根上的菌类植物，古人称茯苓为"四时神药"，因为它功效非常广泛，不分四季，将它与各种药物配伍，不管寒、温、风、湿诸疾，都能发挥其独特功效。茯苓味甘、淡、性平，入药具有利水祛湿、益脾和胃、宁心安神之功用。

气，延年益寿。

为此苏辙还专门写了一篇《服茯苓赋》。这篇赋在当时流传甚广，苏辙后来出使契丹，契丹臣僚对他说："闻常服茯苓，欲乞其方。"可见这篇赋当时已传到契丹。

苏辙在陈州时，虽然深感"世事非所忧，多忧亦谁省"，但是他仍无法忘怀世间琐事，并且在《陈州代张安道论时事书》中，他把神宗即位之初所行之政同后来的变法作对比，他说，"神宗初即位，安葬英宗，力主薄葬，诏勿扰民；帝女出嫁，行舅姑之礼，不得以出身帝王家而废人伦长幼之序；勉励州郡，先农桑之政；诏百官轮番奏事，论时政得失以广言路，议徭役以宽民力。当时"纷纭之议，不至于朝廷；谤毁之声，不闻于闾里"。

苏辙对新法的批评是从王朝的长治久安出发的，他说："犯兵侮邻，变速而祸小；至于欺民，则变迟而祸大。变速而祸小者，瓦解之忧也；变迟而祸大者，土崩之患也。今瓦解之忧，陛下既知悔矣；而土崩之患，陛下未以为意，此臣之所以寒心也。"

苏辙离京后的一年多，苏

■ 苏洵蜡像

轼非常想念弟弟，经常到离别苏辙的地方遥望陈州：

■ 四川眉山三公祠
的三苏雕像

> 闭户时寻梦，无人可说愁。
> 还来送别处，双泪寄南州。

　　1071年7月苏轼离京，赴杭州通判任，就先到陈州看望苏辙，在陈州逗留70余日。

　　他们同游柳湖，共叹湖水干涸，山茶无花。湖旁有一土丘，俗谓之铁墓。湖旁还有一寺，叫作厄台，传说是孔子厄于陈蔡所居之地。陈州还有太昊祠，传说是古帝太昊的坟墓。

　　苏轼后来回忆他们同游陈州名胜说：

> 太昊祠东铁墓西，一樽曾与子同携。
> 回瞻郡阁遥飞槛，北望樯竿半隐堤。

通判 宋为加强控制地方而置于各州、府，辅佐知州或知府处理政务，凡兵民、钱谷、户口、赋役、狱讼等州府公事，须通判连署方能生效，并有监察官吏之权，号称"监州"。明清各府置通判，分掌粮运、水利、屯田、牧马、江海防务等事。清各州另有州判，分掌稽务、水利、防海、管河等事。

同年9月，苏轼兄弟又一同来到了颍州，并且拜谒已经以太子少师致仕的欧阳修。

经过两个多月的欢聚，苏辙兄弟相别于颍州。苏轼在《颍州初别子由》诗中写道：

> 征帆挂西风，别泪滴清颍。
>
> 流连知无益，惜此须臾景。
>
> 我生三度别，此别尤酸冷。

苏轼觉得人们的感情真是不可理解，"近别不改容，远别涕沾胸"；而近别远别都是别："咫尺不相见，实与千里同。"

阅读链接

苏辙在陈州任教谕时，十分喜爱州城西北域的湖光柳色，就在此建室读书。在此期间，苏轼常来看望苏辙，他们为陈州做了许多好事。

为了纪念苏氏兄弟，后人便在苏辙的读书台上建亭。清顺治《陈州志》记载："读书台在州西北隅柳湖。宋苏辙为陈州教授时读书之所。明成化六年知州戴昕构亭于上，立碑识之。后屡加修葺，往往仕客游赏称其胜境。"

亭基为一船形，象征着"宦海扁舟"，四周植莲，并暗喻"出污泥而不染"。故又称为"苏亭莲舫"。此亭于清康熙年间重修，并且树有匾额"颍宾亭"。此处也是历代文人学士吟咏胜地，留有许多诗文佳句。

清节不渝的文坛李梦阳

李梦阳，明代中期文学家，工书法，得颜真卿笔法，精于古文词，提倡"文必秦汉，诗必盛唐"，强调复古，《自书诗》师法颜真卿，结体方整严谨，不拘泥规矩法度，学卷气浓厚。被誉为复古派前七子的领袖人物。

1472年，李梦阳出生于庆阳府安化。11岁时随父徙居开封，其父李正时为周府封邱王教授。

李梦阳天资聪颖，禀赋超群，加上从小就好学多思，因而到他十五六岁时，就已是才思敏捷、出口成章的才子了。

李梦阳17岁那年，陕西长安府开科考试，他备好行装，告别家乡父老，只身前往长安。当

■颜真卿画像

时，李梦阳虽说血气方刚，才华横溢，但他一点也不自负，相反，他总是想到自己的不足，更知道"强中更有强中手"。

李梦阳到了长安，他不像别人那样整天吟诗聚会，高谈阔论，借以炫耀自己，也不像那些纨绔子弟，临考前游山玩水，忘乎所以，而是把自己关在小店里，认真读书。

眼看就要考试了，一天，他碰到一伙挟鸡斗狗的纨绔子弟喧嚣而来。李梦阳早对这些人的行为非常反感，便上前说道："就要考试了，你们为何如此嬉闹不休？"

那些纨绔子弟，从李梦阳说话口音知是从庆阳府来的穷酸小子，哪里瞧得起他，奚落道："北山狼，只知学而时习之，岂敢应试？"

李梦阳听后，心中非常气愤。他的性子格外要强，心想，要考就必然要高中，让这些纨绔子弟看看，煞煞他们的傲气，但自己的学识状况还无这个把握，不如再读一年书。主意一定，试也不考了，长安也不待了，回到家里，更加刻苦地攻读。

不知不觉，又一年的考试来临了。这时的李梦阳学识更加广博，他满怀自信地又一次告别家乡父老来到长安。

■ 李梦阳《自书诗》

当他出现在考场里的时候，那些纨绔子弟又不怀好意地上前嘲弄他："北山狼怎么又敢来应试？"

这次李梦阳没有生气，他想了想，然后委婉含蓄地说道："虎走青山在，山在虎还来，岂有不来之理？"纨绔子弟听后面露惭色，无言以对，只得悄悄溜走了。

考试开始了，李梦阳胸有成竹，临阵不惧，才思泉涌，奋笔疾书，一篇文才俊秀、论语精辟的好文章不一会儿就做完了。

他满以为这次可以扬眉吐气了，谁知，非但榜上无名，考官还竟然在李梦阳的考卷上胡乱批道："四等大秀才李梦阳。"来挖苦他。

1492年，李梦阳再次告别家乡，前往长安应试。这一次，为了回击学台大人的嘲弄，他在一只大灯笼上用红笔书写"四等大秀才李梦阳"八个大字。

学台见他提着灯笼招摇过市，不禁大吃一惊，又

长安 是西安的古称，从西周到唐代先后有十三个王朝及政权建都于长安。是我国历史上建都时间最早，历时最长，朝代最多的古都，是我国历史上影响力最大都城。是中华文明的发扬地、中华民族的摇篮、中华文化的杰出代表。

大道传承 先贤遗风

■ 明代官服

户部　古代官署，
源于秦《周庄》
记载此职为"地
官大司徒"；秦为
"治粟内使"，两
汉称"大农令"
和"尚书民曹"，
三国至唐称"度
支""左民""右
民"等，唐永徽
年初因避讳太宗
皇帝世民名讳改
称"户部"，为掌
管户籍财经的机
关，六部之一，
管田赋，关税，
公债，货币及银
行等。

羞又怒，却又拿他没办法。

考试开始了，这次考试是即景赋诗。学台和那些貌似胸有韬略的考生瞧不起李梦阳，想让梦阳当众出丑，在一旁密谋捉弄办法。

李梦阳并不把这些放在心上，镇定自若，胸有成竹，一边往高楼上走，一边赋诗道："一步一步登高楼。"学台和那些纨绔子弟一听起句如此平淡，都轻蔑地笑了。

李梦阳并不在意，又往上走了一步说："手扶栏杆望北斗。"学台及其他考生听后不语了，心里暗想这句还有点诗意。

李梦阳说完继续上楼，随即又顺口成章："不是青山遮眼目，望尽天下十八州。"

学台和那些考生听后瞠目结舌，心里不由得暗暗夸奖："高才！高才！"从此再也不敢轻视这位年仅19岁的年轻人了。

这一年，李梦阳考中解元，即第一名举人。21岁时举陕西乡试第一，次年成进士。因当年其母高慧去世，两年后其父又去世，李梦阳一直丁忧在家，未授官职。直至他27岁时才拜户部主事，当上了一个正六品的官员，开始了他的宦海生涯。

1504年四月，因弹劾"势如翼虎"的张鹤龄，被囚于锦衣狱，不久宥出，罚俸3个月。出狱后，途遇张鹤龄，李梦阳扬马鞭打落其两齿，可见他嫉恶如仇的强硬态度。李梦阳因此被称为"有明一代中国文坛上胆大包天的诗人"。

江南润州人丁玑，朝廷命他担任广东学政官，赴任途中要过长江。有关方面为他准备了贡品，请祭祀水神。丁玑笑着说："行船嘛，有时浮行有时沉没，这是有关天时的事，水神管这干什么？"

所以就没有祭祀水神便渡江了。船行至中流，突然起了风浪，船因此翻沉了。

随后，李梦阳担任江西学政，也要渡过长江去赴任。有关方面又为他准备了贡品让他祭祀水神，并用丁玑的事例说服他。

李梦阳听后大怒，命随从把水神泥像投到江中，并且指着下沉的水神泥像说："把水神投到江中，是到了他应该去的地方。"此后，他乘船渡江，竟然什么事也未发生。

李梦阳在管理江西学政的时候，有一名学子与他同姓同名。李梦阳就把这个学子叫到面前说："你难道不知道我的姓名，怎么敢起与我相同的姓名？"

这位学子回答说："姓名是由父母起的，

■明代书房

明知与你的名字相同但不敢更改呀!"

李梦阳想了一会说:"我现在出一副对联的上联,你如果能对上,我就宽恕你。"说:"蔺相如、司马相如,名相如,实不相如;"意思是说,你与我虽然姓名相同,我们可不是一样的人物。

这位学子思索了不久就应对道:"魏无忌、长孙无忌,彼无忌,此亦无忌。"下联的意思是说,魏无忌和长孙无忌都不因为名字相同而有所顾忌,我们何必为此事计较呢?

李梦阳听后,笑着连连点头。

李梦阳的乐府、歌行在艺术上有相当成就。他善于结构、章法,如《林良画两角鹰歌》从画说到猎、从猎生发议论,后画猎双收,很见功力。

除乐府、歌行之外,七律也有特色。他专宗杜甫,七律多气象阔大之辞。如《台寺夏日》对台寺的描绘,很有磅礴飞动的气势,并蕴藏着鉴古知今的情思。

李梦阳创作七律,也能注意开阖变化。有评论者认为:"七言律自杜甫以后,善用顿挫倒插之法,惟梦阳一人。"

李梦阳著有《空同集》66卷。1530年病逝,卒后,"弟子私谥文毅",可看作是时人对他的高度评价。

阅读链接

纵观李梦阳的一生,21岁中举,22岁成进士,历官户部主事、员外郎、郎中,终江西提学副使,43岁罢官家居。20年宦海生涯,他格抵勋珰、指斥国戚、弹劾阉竖、陵轹台长,曾几番下狱、数次罢官,可谓清节不渝、胆气过人。

李梦阳主张古诗学魏晋,近体学盛唐。他的主张影响甚大。《明史·文苑传》说他与何景明"倡导复古,文自西京、诗自中唐而下,一切吐弃。操觚谈艺之士,翕然宗之……"

陈楚底蕴

陈楚文化是伏羲文化、姓氏文化、道家文化、农耕文化、儒家文化、古城文化、淮河文化等众多文化的融合体。

在经过千百年的发展过程中，陈楚先民创造出精美而灿烂的文化，这些都体现在陈楚的建筑工艺、手工艺之中。

如太昊陵、关帝庙、项城汝阳刘毛笔、淮阳泥泥狗、淮阳布老虎、周口纸扎、朱湾柳货、龙湖荷叶茶等。

陈楚文化是一颗璀璨夺目的历史明珠，不仅丰富了中华文化宝库，而且对增强中华民族凝聚力、强化中华文明的感召力，有着十分重要的意义。

庄严的人祖圣地太昊陵

太昊陵位于陈楚故地中心淮阳县城以北蔡河边，传说是"人祖"伏羲氏，即太昊定都和长眠的地方。包括太昊伏羲氏陵和为祭祀地而修建的陵庙，是我国著名的太昊陵、黄帝陵、大禹陵"三陵"之一。

原占地面积约58万平方米，是一座气势磅礴、规模雄伟、殿图豪华的古代宫殿式建筑群。历来被称为"天下第一皇朝祖圣地。"

太昊陵以伏羲先天八卦之数理兴建，是我国帝王陵庙中大规模宫

■ 太昊陵

殿式古建筑群之孤例。全庙分外城、内城、紫禁城三道"皇城"。全陵有三殿、两楼、两廊、两坊、一台、一坛、一亭、一祠、一堂、一园、七观、十六门。

这几十座建筑主要贯穿在南北垂直的中轴线上，如果把南北大门层层打开，可从南面第一道门直望紫禁城中太昊伏羲氏的巨大陵墓，号称"十门相照"。

据《陈州府志》记载：太昊陵在春秋时已有陵，汉以前有祠。唐太宗李世民于630年颁诏"禁民刍牧"。五代周世宗954年禁民樵采耕犁。宋太祖赵匡胤于960年置守陵户，诏示三年一祭，造祭器。

966年，诏立陵庙，置守陵户五，春秋祀以太牢，御书祝版；971年又增守陵户二，以朱襄、昊英配祀。此后，陵与庙祀。日见崇隆并有御祭。

元朝时，由于祀事不修，庙貌渐毁，至元末已荡然无存，宋以前的建筑仅留下一块传为苏东坡的妹妹苏小妹书的墓碑。

到了明代，1370年，太祖朱元璋访求帝王陵寝，太昊陵首列第

■ 太昊伏羲陵三清观

一，1371年驾幸古陈都淮阳，御制祝文致祭。1375年，遣官行视陵寝。1376年，复置守陵户。

1448年，知州张志道奏立寝殿、廊庑、戟门、厨库、宰牲等房；1462年，复加修葺，立后殿、钟鼓楼、斋宿房，又作三清观；1470年增高钟鼓楼、彩绘殿宇；1576年，输币3000金，又大修之。

至清代，1745年，乾隆帝诏令发帑银8000两，大为修葺。至此，内外城垣，规模宏大，殿宇巍峨，金碧辉煌，定成格局。

太昊陵南临碧波荡漾的万亩龙湖。沿湖滨北行70米，是一道宽约25米的蔡河，即太昊陵的南部边界。横跨蔡河的11米宽的石桥，名曰"渡善桥"，俗称"面桥"，意思是朝祖进香的善男信女和游客，来到这里已和"人祖爷"见面了，应万心归善。桥全长25米，敞肩式青石桥，桥头四石狮护卫。

过桥30米，便是太昊陵的第一道大门午朝门。此门建于明代。单檐歇山顶，面阔三间，红门金钉，中门为九排九路，两侧均为七排九路，属帝王规制。

前有台，台前有三连体五级垂带式踏跺，两侧有硬山式"八"字墙，门上方悬有"太昊陵""午朝门""开天立极"匾额。它的东西两侧相距24米左右，有馒头式卷棚顶东天门和西天门。

过了午朝门，中轴线上主甬道青石铺墁，两旁古柏参天，庄严肃穆。距午朝门约30米，有一条小河，叫玉带河，河上有三座敞肩式石拱桥，分别与午朝门、东天门、西天门对应。

玉带河穿过东西两侧陵墙，通往蔡河，在陵墙外侧河岸，各有一口井，名叫"玉带扣"。

过玉带桥前行不远，是穿堂式的"道仪门"，旧称通德门，俗称之为"三门"，通高8米，与午朝门相距126米，单檐硬山式，面阔三间，内有券门三，是太昊陵的第二道大门。

穿过道仪门，迎面是一座高台建筑，上悬一石

券门　古代由于不少士兵守卫在城门下，一旦有战事发生，即要登城参加战斗，所以在城内侧每隔不远就建有一个圆拱形小门，称作"券门"，有石阶通到城墙顶上。

■ 太昊陵的午朝门

■ 太昊陵陈州伏羲
碑林

昭穆 昭、穆原
为西周两代王的
庙号，后指左右
位置，后成为我
国古代的宗法制
度。宗庙或墓地
的辈次排列以始
祖居中，二世、
四世、六世位于
始祖的左方，称
昭；三世、五
世、七世位于右
方，称穆，故亦
称左昭右穆制。

匾，名为"先天门"，是清代建筑，与道仪门一样，都是为歌颂伏羲功德而命名。台上建有飞翠高阁三间，灰筒瓦覆顶，周匝回廊，台正中有一砖砌拱门。

过先天门为太极门广场。中间有玉带路横贯东西，东通内城的"三才门"和外城的"东华门"，西通内城的"五行门"和外城的"西华门"。

广场北面与先天门相对为"太极门"，旧称太极坊或戟门。它是太昊陵东西南北的中心，与"两仪门""四象门""三才门""五行门"等都是以伏羲先天八卦之数理而定名的。

太极门在古建筑中属三间三楼柱不出头式木牌楼，筑于高台之上，台高五级。

东有角门名"仰观"，西有角门名"俯察"，以示太昊伏羲氏仰观于天，俯察于地，中观万物，创先天八卦，肇始华夏文明。

过太极门为太昊陵的中心大院。大院东南角有钟楼，西南角有鼓楼。东西对峙，面阔五间，进深三间，周匝回廊，重檐歇山式建筑，下部为直壁式台基，上部为灰色筒瓦覆盖，楼内有木梯可达上层。

钟楼上悬有明铸巨钟一口，撞之，其声悠扬。鼓楼内挂有大鼓一面，敲之，其音悦耳。钟鼓二楼，层檐凌空，朝暮对峙，晨钟暮鼓，响彻陵区。

与太极门相对应，迎面为"统天殿"，俗称"大殿"，建于明代，是陵庙内体量最大、等级最高的重点建筑，面阔五间，进深三间，龙凤大脊，屋面覆以黄色琉璃瓦，脊上装饰考究。

中为三节彩釉吉星陶楼，楼下有一龛，龛内书有"太昊伏羲殿"五字，左右配以二十八宿代表天上的28个星座；殿四挑角为庞涓、子都、韩信、罗成"四绝人"等吻兽。

殿内有"丈八木龛"，雕工精细，造型庄重。龛内塑有伏羲像，头生双角，腰着虎皮，肩披树叶，手托八卦，赤脚祖腹。左右配享朱襄、昊英。朱襄为飞龙氏，造书契，昊英为潜龙氏，造甲历。

历史沉淀 陈楚底蕴

■ 太昊陵的太极门

■ 太昊陵伏羲氏塑像

四象　古人把
东、北、西、南
四方每一方的七
宿想象为四种动
物形象，叫作四
象。四象在传统
文化中指青龙、
白虎、朱雀、玄
武，分别代表东
西南北四个方
向，源于我国古
代的星宿信仰。
在二十八宿中，
四象用来划分天
上的星星，也称
四神、四灵。

殿内墙壁上嵌有青石浮雕《伏羲圣迹图》，分别为履巨人迹、伏羲出世、都于宛丘、结网罟、养牺牲、兴庖厨、定姓氏、制嫁娶、画八卦、刻书契、作甲历、兴礼乐、诸夷归服、以龙纪官、崩葬于陈。

殿前有一月台，这里是历代举行祭祖大典的中心场所。环统天殿、钟鼓二楼，为东西廊房，共42间，呈曲尺状，前有回廊、棂子门窗、花砖大脊、吻兽装饰、彩绘檐橡、红柱绿窗。东廊房北段有通外城的"两仪门"，西廊房北段有通外城的"四象门"，两门东西相对。

下得统天殿后门台阶，便是等级仅次于统天殿的"显仁殿"，俗称"二殿"。面阔七间，进深五间，重檐歇山式，灰筒瓦顶，结构朴实、端庄、严谨。

统天殿与显仁殿相距7米是太始门，又称"寝殿"，为重檐歇山式高台建筑，面阔三间，进深三间，周匝回廊，灰筒瓦覆顶。

该殿下为古城门式门洞，门洞上方嵌有阴刻楷书"太始门"三字，右悬"继天立极"，左悬"赞神明"铁匾。上筑寝殿，两厢有台阶、角门，可以绕殿循游，因此又称"转厢楼"。整座建筑始建于明代，分三次垒砌而成。

楼内立有1513年御碑一通，故又称"御碑亭"。它是太昊陵保存的古碑中有年款的最早者。碑文开头有"洪武四年"字样。

传说，当年朱元璋领兵起义，打了个败仗，只剩他孤身一人，又后有追兵，在走投无路之时，跑到了太昊伏羲的小庙内，祈祷说："人祖爷若能保我平安无事，今后一旦得天下，一定依照我的宫殿，替你重修庙宇，再塑金身。"

说也奇怪，朱元璋话音刚落，一只蜘蛛立即在庙门口飞快地结起了蛛网。元兵追到庙前，见蛛网封门，认为庙内无人，便追向别处。

后来，朱元璋得天下建立明朝，于1371年便派他的大臣徐达前来，重修了太昊陵。

太昊陵内存古碑有200余通，碑文大多是为伏羲歌功颂德的，还有

■太昊伏羲陵太始门

陈楚风韵

陈楚文化特色与形态

一部分是记述对陵内建筑重修或增修的经过，最多的是各地民众来"朝祖进香"的纪念碑。而皇帝派大臣来祭祀的，则名为"御祭碑"。

寝殿后面是"先天八卦坛"。该坛青砖垒砌，为直壁式等边八角形，周有青石压条。坛面以青砖砌先天八卦图。中为一八角形凹槽，上原有一尊"龙马负图"，俗称"四不像"。

据传，这四不像为古代一个精通八卦的高道所立。他看到世人对先天八卦各执一词，争讼不已，没有一个能说到底蕴之处，把先天八卦弄成了"四不像"，便出资铸造了一只四不像立于此坛中，用以警示后来人。

先天八卦坛后便是紫禁城，城内是伏羲氏的巨型陵墓，"陵高十寻"。上圆下方，取天圆地方之意。

陵墓前竖有一块巨型墓碑，字大径尺，既无题跋又无年款。《淮阳县志》上说：碑文为"太昊伏羲氏之陵"，但最后一字"似陵又似陇"，又说"相传此

■ 鸟瞰太昊陵局部

碑为苏文忠女弟巾书或以为苏长公"。还有人说是魏晋人所书。

不过关于苏东坡其妹苏小妹巾书传说较广。说是宋神宗年间，重修陵庙，就在要竣工时，欲在陵墓前建一丰碑，以壮观瞻。知苏东坡在其弟苏辙如舟署里住着，便派人前往，请他书写"太昊伏羲氏之陵"七个大字。

纸墨字条送到如舟署里，适值东坡出城游玩未归，其妹苏小妹偕女仆同到书室，见桌上墨纸齐全，书兴大发，因无大笔，就用她的汗巾，一气把"太昊伏羲氏之陵"七个大字写完。

苏东坡回来见了，喜出望外，认为苍老古劲，可传千古。求书者来取，东坡即付之。

阅读链接

关于苏小妹巾书太昊伏羲碑，还有传为"太昊伏羲氏之莫"的。

说苏东坡游玩回来，见苏小妹前面六字写得苍劲有力，却把"墓"错写成"莫"，甚为惋惜，苏小妹在一旁则只笑不语。

苏东坡望着小妹的得意之情，忽然醒悟，连连称赞："妙，妙"。原来，苏小妹是以大地为土。

凝固历史的周口关帝庙

    周口关帝庙,位于河南周口沙颍河北岸,为"周口八景之冠"。它犹如一段凝固的历史,记载着周口商业的繁荣和经济的鼎盛。

    三国时代群雄争霸,名将如林,然则人们称道的当数关羽。关羽

■周口关帝庙

■ 周口关帝庙

技艺超群，兼通经史，刚柔相济，张弛有度，动则有雷鸣电闪之势，静则有泰山崩于前而不眨眼之功。

因此，关羽在古代人民的心目中几近成了全能之神，既是武神，又是财神、商贾掩护神，节庆年夜、天旱祈雨、生病讨方、纷争公断、驱鬼辟邪，都要有求于他了。

非但民间如此，并且关羽崇奉还被列为国度祭奠要典，清代时被奉为"忠义神武灵佑仁勇威显关圣大帝"，崇为"武圣"，与"文圣"孔子齐名。在方圆不足20平方千米的周家口，就有6座关帝庙。

周口关帝庙始建于1693年，乾隆、嘉庆时多次扩修，至1832年全部建成，前后历时100多年。东西宽105米，南北长158米，面积达12590平方米，占地约13000平方米。

周口关帝庙整座建筑群沿南北中轴线，分三进院

关羽 我国历代都把关羽当作"忠义"的化身，782年，关羽被列为古今64名将之一，放进武庙，配享姜太公。宋代以后，关羽便被戴上"武圣"的桂冠。元文宗封关羽为"壮缪义勇武安显灵英济王"，明神宗封之为"三界伏魔大帝神威远震天尊关圣帝君"，又把关羽庙长格为"武庙"，与文庙、孔庙并列。

药王 孙思邈，唐代著名医药学家，道教名人。他广搜民间验方、秘方，总结唐代以前的医学理论和医疗实践，加以分类记载，在医学和药物等方面做出极大贡献，因而被后世尊称"药王"。他的著作很多，主要有《千金要方》《千金翼方》《摄生论》等。

落纵深布局，结构严谨，极富神韵。清代文人高麟超在《洗凡文抄·陈游纪胜》中欣然赞道：

> 关圣帝装塑威严，双石坊镂刻精妙，春秋阁飞檐建瓴，铁旗杆直插云霄，集公输之巧，荟冶炼之精……胜迹也！

整个建筑群为仿宫殿式。照壁、山门、钟鼓二楼，左右铁旗杆、石碑房、碑亭、药王殿、灶君殿、东西廊房、财神殿、酒仙殿、东西看楼、东西庑殿、老君殿、马王殿、温神殿及客舍、工作房等建筑，分列于中轴线两侧，遥相对应。

周口关帝庙内古柏参天，环境清幽，碑碣林立，殿堂秀丽，是河南最大的关帝庙，这座凝聚着我国古代劳动人民才能和智慧的古建筑群，布局严谨精巧，

■ 周口关帝庙

殿堂宏伟壮观，雕刻精湛瑰丽，装饰富丽华美，素以其巧夺天工的艺术雕刻著称于世。

进关帝庙，首先要过山门，山门是1735年的建筑，面阔五间，进深三间，单檐歇山式，屋面覆绿色琉璃脊饰瓦件，五彩斗拱，青阶朱户，朱漆大门镶嵌着金色乳钉，檐下悬"关帝庙"金字匾额，一对石狮雄踞山门前左右，造型生动，雕琢精细。

过山门就是铁旗杆，它是1797年陕西同州府大荔、朝邑、澄城天平会众商敬献。六角青石浮雕底座，青石座上为六角须弥式铸铁座。

铸铁座上每面铸有铭文图案、山水花卉、龙凤鸟兽，造型别致，工艺精湛。杆身饰有莲花、蜡龙、日徽月徽、寿字如意方斗，顶端铸有"大义""参天"四字，象征关羽一生忠义，与日月同辉。

铁旗杆北筑有月台，台上建有石牌坊、碑亭，其四周还安装有石雕栏板围护。

石牌坊建于1765年，四柱三楼，牌坊歇山顶，龙凤正脊，中置瑞兽。全坊精雕"二龙戏珠""凤凰牡丹""八仙过海""竹林七贤""天马行空""喜上眉梢"神话故事及山水花卉、仙足鸟兽等。正面透雕"二龙戏珠"神龛，刀法精细，玲珑剔透。

夹柱上的石狮或戏耍绣球，或挠痒嬉咬，或昂首张望，或仰天长啸，体态各异。四柱上悬挂的石雕四天王像，威武雄健，神态逼真。

抱鼓石上的山水人物、花卉、鸟兽，构图饱满，线条流畅，显示出石雕艺人的高超技艺。其上有一浮雕，取材于杜牧诗《清明》，牛背上垂髫童子活泼可爱，对着老态龙钟的问路人，手指指向杏林。

树林掩映之下，酒旗随风飘摇，而那"酒"字小如蝇楷。在不足0.1平方米的面积上，童子、老人、杏林、酒旗，细致入微，相映成趣。

还有一浮雕，前面一人骑马，后面一人骑驴，再后一人挑担，意为"别人骑马我骑驴，后面还有挑担哩"，前一人后倨而行，中人平和谦恭，而后一人负重前恭，比喻比上不足比下有余。

■ 石雕牌坊

石栏板安装于1845年，分别雕有松、鹤、竹、石、牡丹及人物故事。方形望柱高1.5米，柱头饰狮、猴、石榴、仙桃。

碑亭建于1838年，六角攒尖，覆灰色瓦件脊饰。翼角仙人飞甓，风铃叮咚。亭内立1837年"重修关帝庙碑"和"少积厘金碑"。碑首透雕"二龙戏珠"，龟蚨座。

■ 关帝庙石刻

碑文详细记述了周口320余家商行店铺捐资的动人景象和捐资的商号、姓名、金额及修葺彩绘的开支清单。

缭殿位于月台后，面阔五间，进深三间，单檐歇山式。屋面覆绿色琉璃瓦件，高浮雕龙凤牡丹脊饰吻兽，中置三节琉璃牌楼，垂兽为一行龙，造型生动，工艺精湛。正面檐下透雕"八仙庆寿""龙凤呈祥"等神话传说故事，刀法细腻，层次分明。

石雕麒麟、狮子柱础造型生动，祥和健美；莲花卧鼓六角须弥式柱础上雕刻有"二龙戏珠""丹凤朝阳"等花卉鸟兽的吉祥图案。该殿也是摆放供品、焚香祭祀的地方。

大殿创建于1693年，是庙宇建造最早的殿堂，面阔五间，进深三间，悬山殿顶，五彩斗拱，六抹格

吻兽 即螭吻，是龙生九子中之一，平生好吞，即殿脊的兽头之形。这个装饰现在一直沿用下来，在古建中，"五脊六兽"只有官家才能拥有。泥土烧制而成的小兽，被请到皇宫、庙宇和达官贵族的屋顶上，俯视人间。这些东西在老百姓眼里如凶神恶煞一般，是作威作福的象征。

关帝庙石雕

扇，覆黄色琉璃瓦件。三彩高浮雕龙凤牡丹脊饰，造型生动，色泽艳丽，虽历300年，依然光彩夺目。

正脊上的16条行龙，曲折翻转，姿态各异，鳞甲细密，蜿蜒生动，奔腾于海涛云气之间，显示出匠师非凡的造诣。殿内梁枋斗拱彩绘富丽，雕刻精美。为拜谒关羽的主殿。

大殿建得高大宏伟，巍峨壮雅，使周口关帝庙成为豫东数百里最知名望的寺院。如此好的一座大殿，应配一副好的春联才行。

传说当时长老衲人出题说："上联要有三个同一字的地名，下联要有三个同一字的人名，而联中的意思还要赞赏关帝平生的功业。"

这样的请求，难住了周口名流和墨客。所以，关帝庙大殿两旁的柱子上一向挂着一副空白的木板，过路的游人无不叹息遗憾。

一日，一个很不起眼的游学教师路过关帝庙，便进去观看。到了大殿前，见到两条空白的木牌，便"唉"了一声说："耸起一座关帝庙，留下一片太息声。"

长老衲人听了后，感到此人出言不凡，匆忙上前见礼说："请师长教师为关帝庙增色添辉！"

那教师看了看请求条则，也不推辞，略加思虑，挽袖提笔，饱蘸墨汁，一挥而就：

坐蒲州，佐豫州，坐镇荆州，赤手创千秋大业；

兄玄德，弟翼德，不从孟德，赤忱震万
古纲常。

长老一看，赞一声"妙"。对联挂起，雅者云
集，没有一个不鼓掌叫绝的。

河伯殿、炎帝殿建于大殿两侧，是1713年的建
筑，悬山顶，面阔各三间，进深三间。覆灰色瓦件，
高浮雕龙凤脊饰，两端置龙凤正吻，中置日月狮子、
宝瓶，四角立罗成、韩信、庞涓、子都四神将。

五彩斗拱，六抹格扇。梁枋千拱沥粉彩画，富丽
堂皇。旧时是祭祀河伯、火神的殿堂。

戏楼坐南面北，1837年建于中院大殿后，
面阔三间，进深三间，重檐歇山式，屋面覆琉
璃瓦件，高浮雕龙凤牡丹
脊饰。

龙凤正吻，中置狮子绣球
宝瓶。五彩斗拱，平板枋下银
蓝底金字"声振灵霄"匾，匾
下精雕龙凤牡丹及戏剧人物故
事。该楼玲珑精巧，装饰艳
丽，旧时为演戏用的舞台。

拜殿建于1851年，面阔五
间，进深三间，单檐卷棚式。
屋面覆灰色瓦件，四周安装有
石雕栏杆。檐下施五彩斗拱，
并透雕"二龙戏珠""凤凰牡

■ 关帝庙戏楼

丹"等，构图巧妙，刀法娴熟。

殿内木雕彩画，琳琅满目。柱础上雕有"王祥卧冰""张良进履""马上封侯"等传说故事及珍禽异兽、花卉人物，是祭祀朝拜关羽的殿堂。

春秋阁是1800年所建，建在1.5米的高台上，为关帝庙的主体建筑。它面阔5间，进深3间，四周回廊，重搪歇山式。

屋面覆孔雀蓝色琉璃瓦件，高浮雕龙凤牡丹脊饰，两端置1.7米高的龙凤正吻，中置五层琉璃牌楼，檐下施五彩斗拱，耍头饰龙、凤、猴、象等，雕刻精细，彩绘艳丽。

正檐下透雕"二龙戏珠""凤凰牡丹"，刀法秀美，玲珑剔透。24根青石方柱擎托阁檐，使该阁更显得雄伟高大。

正面廊下悬蓝底金字高浮雕"气肃千秋""大义

陈楚风韵

陈楚文化特色与形态

■ 周口关帝庙

■关帝庙木雕

参天""精忠贯日"匾额，青石柱上雕"赤面表赤心千里常怀赤帝，青灯观青史一生不愧青天"；"秉烛持纲常顾影何惭心上日，封金完节义对人不愧性中天"；"霸业已空问吴魏强梁安在，英风如昨与天地悠久无疆"；"鲁夫子晋夫子两位夫子，著麟经看麟经一部麟经"楹联。

柱础四周雕有"天官赐福""姜太公钓鱼""渊明赏菊""平升三级"历史传说故事及仙灵鸟兽等。每逢彩霞映照，愈发显得金碧辉煌，雄伟壮观，成为周口颍河八景之一的"翠阁映霞"。

阅读链接

周口关帝庙集民间建筑艺术之大成，在建筑构件上巧妙地运用木雕、石雕、砖雕、琉璃、彩绘和铸铁等工艺，融合了圆雕、高浮雕、镂雕、阴刻等不同技法。

使一件件作品造型完美，形象传神。木雕、石雕、砖雕数量之多，内容之丰富，工艺之精湛，居当时中原之冠，突出反映了清代中晚期追求精雕细琢、装饰华丽的社会风尚。

文房珍宝的汝阳刘毛笔

汝阳刘毛笔是陈楚地区项城孙店镇汝阳刘传统的手工技艺，据《项城县志》记载，已有2000多年的历史，有名讳的制笔工艺传承人有20多代，"汝阳刘"毛笔选料考究，制作工艺精湛。汝阳刘氏村素有"毛笔之乡""妙笔之乡"的美誉。

我国有5000年悠久历史，在这漫长的历史长河中，中华民族不断开拓创新，形成了自己独特的文化传承体系，而维持这个体系正常运转的工具便是被古人誉为"文房四宝"的笔、墨、纸、砚。

■ 三国青瓷毛笔

"文房四宝"是我国传统文化符号之一，是中华文明的载体，是承接华夏民族优秀灿烂文化的纽带，也是推动世界文化发展的重要动力。

"文房四宝"毛笔居首，而毛笔最能彰显我国文化的发展历程，也是最重要的谱写历史的工具。

■ 蒙恬石刻像

秦代是毛笔工艺发展的开端，这一时期确定了毛笔的基本形制，为后世毛笔制作奠定了基础，拉开了中华民族书写历史的新篇章。

秦代毛笔最大的特点是"以竹为管"，是由秦朝大将蒙恬所创，然后由其部下随从传承下来，逐步推广到全国，其间，出现了一些以制作毛笔著称的地方，汝阳刘氏村就是其中之一。

据说，有个叫刘寅的随秦朝大将蒙恬南伐楚中山，平息楚地叛乱。在蒙恬进军途中，路经汝阳刘氏村庄驻扎下来。

刘寅当时的职务是军中文书，记载军中事迹，传达命令，帮助主将处理军务。那时候还没有使用纸和毛笔，书写文字是用硬笔，即"字刀"将文字刻写在竹简上的，既费时又费力。

蒙恬看到刘寅整天辛苦疲惫，很是心疼，总想制作一种较易于书写文字的新工具。一天，一只野兔跑

蒙恬 秦朝著名将领，被誉为"中华第一勇士"。蒙恬出身于一个世代名将之家。祖父蒙骜、父亲蒙武均为秦国的名将，深受家庭环境的熏陶，自幼胸怀大志，立志报效国家。蒙恬大军收复河南地，修筑万里长城，并且征战北疆十多年，也是古代开发宁夏的第一人。

进军营附近的一个石灰池里淹死了。蒙恬巡察到此，看到石灰池里的野兔，突发奇想，何不用兔子的尾巴书写文字？

于是，蒙恬让刘寅将兔子的尾巴割下来，试着在竹简上写字。写着写着，刘寅觉得既顺手又轻松，比用"字刀"刻写文字方便多了。

在随后的日子里，蒙恬不断对笔进行改进，用动物毛发和麻共同浸泡于石灰水中，然后用丝绳缠绕扎紧，将竹管的一端镂空，将笔头插入竹管之上使用，书写更加流畅。从此以后，刘寅就用"蒙恬笔"书写文字了。

在春秋战国时期，书写工具尚无统一的名称，直至秦代，"笔"才正式成为书写工具的称谓，这正好与东汉许慎在《说文解字》中对笔的解释相互印证。其中记载：

■ 汝阳刘毛笔

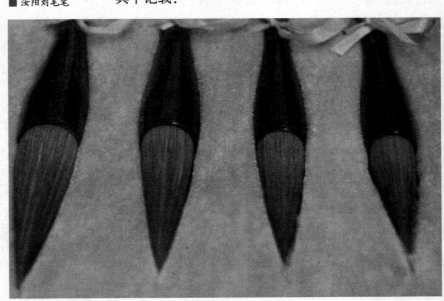

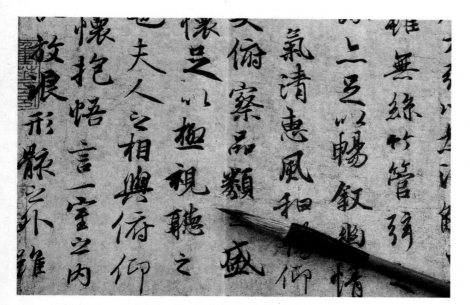

秦谓之笔，楚谓之聿，吴谓之不律，燕谓之弗。

■ 汝阳刘毛笔

由此可知，笔的叫法自秦以后方始统一。

刘寅和秦代文字学家程邈相交甚厚。程邈殚精竭虑，10年之功创隶书3000字。

秦统一六国后，实行"车同轨，书同文"，统一度、量、衡。把原秦国使用的小篆这种文字，作为全国统一的文字。程邈又在小篆的基础上，创立了隶书，隶书比小篆更为先进。

后来，隶书取代了小篆，秦隶便普及到了全国。丞相李斯奏请秦始皇赦免程邈，让其用隶书写御史，刘寅便以"蒙恬笔"赠之。于是，"蒙恬笔"便在朝野得到传播和光大。

汉朝建立后，高祖刘邦非常重视文化发展，将秦

李斯 秦代丞相，我国历史上著名的政治家、文学家和书法家，千古一相。李斯协助秦始皇统一天下，秦统一之后，李斯参与制定了秦朝的法律和完善了秦朝的制度，实行郡县制、废除分封制，提出并且主持了文字、车轨、货币、度量衡的统一。

朝蒙恬的参军、精熟制笔人刘寅请入宫中，专司制笔，并命刘氏族人跟其学习研究，进一步精化，并将其所制之笔纳入宫廷专用毛笔。

后来毛笔制作就作为汉宫的一门绝技，世代相传，传男不传女。把"蒙恬笔"的制作工艺传之于刘氏子孙。《史记》记载：

> 蒙将军拔中山之毫，始皇封之管城，世遂有名。

蒙恬带兵南伐楚中山，平定了楚地叛乱，又创制了秦朝第一支笔，功勋卓著，秦始皇就把管城这一地带封为蒙恬的封地。管城就是郑州，商朝早期的都城就建在那里。

因管城是蒙恬的封地，于是"蒙恬笔"首先在管城和中原一带得到广泛传播，而后由中原再传播到全国各地，由此世人皆知蒙恬就是我国制笔的鼻祖。

因蒙恬的封地在管城，为纪念和颂扬蒙恬这位制笔祖师，后人又把毛笔称作"管城侯""管城子"，它们也成了毛笔的代名词。

■ 馆藏木雕刻毛笔

■ 仿古代毛笔

项地是西周时分封的子爵国，叫项子国。公元前225年，楚迁都于陈，以项为别都。秦时属颍川郡。汉初置项县，南朝刘宋改为项城县。千百年来，这块土地一直是古代中原腹地的政治、军事、文化活动中心之一。

当地人为纪念制笔祖师蒙恬和制作"蒙恬笔"的刘寅，于1354年在后来的汝阳刘氏村庄东头修建了蒙恬庙和刘寅祠。镶嵌在蒙恬庙大殿门口两侧的朱漆对联：

文治毫毛安天下；
武修长城定太平。

这充分表达了蒙恬的历史功绩和汝阳刘人对蒙恬的崇敬和怀念。

西汉末年，王莽篡位，时值南顿县令刘演继任不久，只好前往湖北枣阳春陵老家避难，途中经过汝阳鸿隙陂畔，到附近村中一农家避难。王莽追兵赶到时，恰逢刘演之子刘彦生病行动不便，于是刘演只能忍痛弃子携家眷南去。

在农人照顾下，刘彦病愈后与农人之女结婚。后刘秀建立东汉，刘演已死，刘秀四处寻找哥哥刘演后裔，终于找到刘彦。刘彦因避乱而居于乡野，不能习惯险恶官场，对仕途深感厌恶，却精通技艺，对毛笔大感兴趣，光武帝即封之为"御笔王"，管理皇家制笔之事。

而后刘彦不惯于宫廷礼节，心情郁闷，随即向光武帝请辞，帝问其有何要求，刘彦表示别无他求，只欲回乡农耕，帝准其所请。后带家眷回到鸿隙陂畔，此后便传授子孙毛笔技艺，并且世代相传。

■ 王羲之《黄庭经》

王羲之（303年—361年），字逸少，号澹斋。人称"王右军""王会稽"。生于晋代山东琅琊，即今山东省临沂市。东晋书法家，有"书圣"之称。其子王献之书法也佳，世人合称为"二王"。代表作品有《兰亭集序》等。其书法的章法、结构、笔法为后世效法，影响深远。

后人为纪念刘氏祖先，就把刘彦所在的村子称为"汝阳刘氏村"。从此刘彦随带子孙继承、精研、发展毛笔技艺，世代相传，而且工艺质量更加炉火纯青。

"汝阳刘"毛笔选料考究，兔毫的选择标准是秋毫取健，取尖，春夏毫则不要；狼毫的选择就必须要到东北去采集过冬的黄鼠狼尾毛来制作。

汝阳刘毛笔制作精细，主要工艺流程有分毛、脱脂、去绒、装毛、齐毛、垫毛、切毛、梳毛、修毛、成头等128道工艺，其工艺具有独特性。成品要具备尖、圆、齐、健"四德"，软硬适中的标准；其外饰，尤其是笔杆的装饰上更极为讲究，根据笔的形状和高、中、低档的要求配之，既美观又大方。

"汝阳刘"毛笔生产历史悠久，品质优秀，被历代文人墨客视为文房上等佳品。

东晋时期的政治家、军事家谢安和"书圣"王羲之志趣相投，情同手足，并且又是儿女亲家。

有一年的秋天，谢安回太康老家省亲，路过项城汝阳刘村。因其早闻"御笔坊"大名，便购得数管上乘汝阳刘毛笔。回到南京后，送给王羲之几支。

王羲之挥笔写下了《黄庭经》，顿觉洒脱流畅，婉转自如，拍额称奇，连声赞道："妙笔！妙笔！妙笔是也！"王羲之从此与汝阳刘结下了不解之缘。

王刘两家常有书信往来。为表谢意，王羲之为刘氏先人刘天运抄了一份《黄庭经》送之。这份王羲之为刘天运所书的《黄庭经》，成为刘氏传家之宝。"羲之妙笔"的故事流传开来，汝阳刘村也被世人誉之为"妙笔之乡"。

792年，韩愈来到了汝阳刘，与刘祺交情甚笃，曾居汝阳刘半月有余。当他看到刘氏对毛笔的研究入道入微，由不闻而遐迩，感触颇深，遂许刘祺，他日定要成文以褒之，被刘祺婉言谢绝："'言不出名'是祖上

信 古代称作"尺牍"。古人是将信写在削好的竹片或木片上，一根竹片或木片约在一尺到三尺之间，所以叫尺牍。"信"在古文中有音讯、消息之义，如"阳气极於上，阴信萌乎下。"

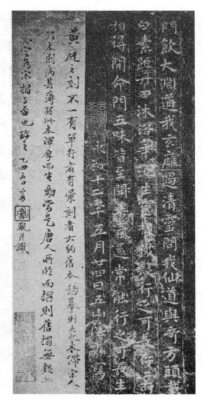

■ 王羲之书法《黄庭经》

遗训，不敢违抗，如对毛笔有情，可借物言志，亦是对朋友的知遇之心。"

韩愈后来就写了《毛颖传》寄予刘祺，使汝阳刘毛笔更赋有了传奇色彩。到了1071年，宋代文豪苏辙的老友张方平正任陈州知府，就征聘并推荐他为陈州府学教授。他带着妻子儿女来陈州任职。

过了几个月，苏轼到杭州去任通判。陈州正在他的行程之内，就顺便到弟弟这里来小住。

兄弟相聚，欢天喜地。席间谈诗论道，诗来词往，极尽潇洒。当苏东坡闻知汝阳刘"御笔坊"离此只有百十里，于是兄弟几人策马来到汝阳刘。

当刘氏族人得知大学士苏轼及其家人前来，大喜过望，热情接待。苏轼深谙笔之深奥，于是提出制作几支"鸡毛为被，狼毫为柱"的毛笔。刘氏族人按要求精制而成，献于苏轼。

苏轼随即展纸挥毫，运笔自如，十分满意，连声赞道：此笔真乃极品圣物也！从此汝阳刘毛笔系列又添新贵。后来，刘氏族人就把这种毛笔命名为"东坡鸡狼毫"。

汝阳刘毛笔在传统技艺的基础上，不断研制和改进，陆续开发出单只笔、礼品笔、书画用笔、学生用笔等120多个品种和规格，使毛笔不仅具有使用价值，而且具有观赏和收藏价值。

阅读链接

在汝阳刘氏村西北30千米处，也就是现在商水县的舒庄乡境内有蒙恬墓，是河南省重点文物保护单位，距今已有2000多年的历史了。

汝阳刘氏制笔艺人每年的清明节都会到蒙恬的墓前朝拜祭奠，上香添坟，这也充分证明了汝阳刘氏毛笔与蒙恬的历史渊源非常地深厚。

五彩斑斓的淮阳泥泥狗

"淮阳泥泥狗"是陈楚地区淮阳的特产，是豫东一带妇孺皆知的泥塑艺术品。是淮阳太昊陵"人祖会"中泥玩具总称，是原始图腾文化下产生的一种独特的民间艺术，又称"陵狗"或"灵狗"。

传说当年伏羲和女娲抟土造人时，用剩下的泥捏成了小鸡、小狗撒向人间。而泥泥狗就是为伏羲、女娲看守陵庙的"神狗"。

据史书记载和神话传说：太昊伏羲氏为百王之先，居三皇之首。当时狗被认为是上天派到尘世拯救生灵的保护神，后来还出现了以狗为图腾的氏族部落。

《搜神记》卷

■ 河南淮阳泥泥狗

十四《盘瓠篇》中说：古代高辛氏时，有狗叫"盘瓠"，好五色衣，是蛮夷族的祖先。在豫东一带也有这样的传说。伏羲的"伏"字，即人与犬合成的，由此可以推测，伏羲氏族曾把狗作为本氏族的图腾。因此，"泥泥狗"的问世也应与当时的现实生活有关。

泥泥狗几乎全部可以在《山海经》中找到它们的遗形。泥泥狗与《山海经》相互佐证，异曲同工，共同反映出原始初民对生殖、祖先、图腾和神祇的崇拜。

关于泥泥狗，还有一个有趣的传说：

有一年淮阳大旱，人们愁眉苦脸；无心去朝香祭祖，于是，太昊陵变得冷冷清清。

有一天夜里，忽然狂风大作，阴云密布，一袋烟的功夫便下起了瓢泼大雨，人们都被雷雨惊醒，从门缝和窗户向外看，只见地里黑乎乎一片，全是泥泥狗子，它们在地里来回走动。

大家惊奇之下，再细一瞧，明白了，原来这些泥泥狗都在犁地、耙地。第二天天一明，人们跑到地里一看，地全都被犁过了，而且墒气十足，于是大家欢呼蹦跳，纷纷到太昊陵敬香叩拜。从此，人祖庙的香火旺盛起来。

在我国古代民间，人们对"泥泥狗"还有一些较为普遍的说法，就是"能治病"。

据说来自山南海北的香客们把"泥泥狗"带回自己的家乡，除送给儿孙和亲友外，还要把一些泥泥狗扔到井里，说是喝了井里的水，可以"清心明目，医治百病"，因此又称它"灵狗"！

还有人说，行路客商，无论走到天涯海角，只要从"泥泥狗"身上抠下一点点泥土泡茶喝，就可以治水土不服或"思乡病"。

泥泥狗按其造型大小和着色的不同，可分为小泥鳖、小中板、娃娃头、大花货等四种类型。

"泥泥狗"中最具有代表性的作品是大花货类型的"人面猴"，它具有早期人类的形象，半人半猿，面目黑瘦，周身绘有毛发。

我国古代神话是伏羲、女娲兄妹抟黄土做人，而太昊陵的"人面猴"就说明了人和猿猴是一个宗族。

■淮阳泥泥狗

陈楚风韵

陈楚文化特色与形态

埙 我国最古老的吹奏乐器之一，大约有7000年的历史。相传埙起源于一种叫作"石流星"的狩猎工具。古时候，人们常常用绳子系上一个石球或者泥球，投出去击打鸟兽。有的球体中间是空的，抡起来一兜风能发出声音。后来人们觉得挺好玩，就拿来吹，于是这种石流星就慢慢地演变成了埙。

泥泥狗都是有孔可吹，声音悠远明亮。据《拾遗记·春皇疱羲》篇中记载：

疱羲丝桑为瑟，灼土为埙，礼乐于是兴矣！

埙这种古代的吹奏乐器，早已不多见了。但在西安半坡氏族遗址、平粮台古城遗址、湖北曾侯乙墓中发现的埙，都与淮阳泥泥狗相仿。

其形似梨，大的有五孔，小的三孔，可吹奏民歌，音韵浑厚。因此说明埙是伏羲创造的，又在伏羲陵附近流传。

泥泥狗中有一个奇特的种类，是"草帽老虎"。一只老虎头戴一顶荷叶状的草帽，半蹲半卧，形神兼备，羞涩的面目遮盖在草帽下，始终不愿显露半分。

■ 河南淮阳泥泥狗

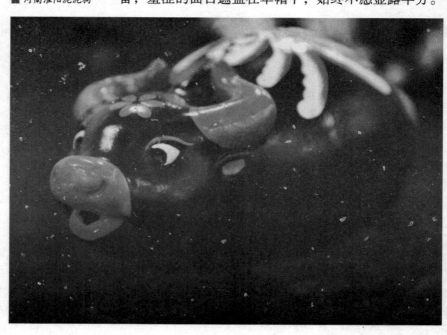

据说"草帽老虎"实际上是古代男女婚姻的一种象征。

另有"神龟负图"的香龟、意味着交配的双头兽以及玄鸟、飞燕等。"泥泥狗"中的飞燕、猴头燕均为部落图腾。另外"泥泥狗"还有牛、马、鸡、羊、鸠、蛙等种类。

淮阳泥泥狗可使人们领略到，远古部落时期人类的生存环境和生活意味。令人赞叹的是，古代民间艺术

淮阳泥泥狗

家都具有超常的想象力和高超的表现力，他们塑造的多角怪兽"八大高""四不像""九头鸟"等都是些菱形的、风格化的、幻想中的动物形象，均浸润着远古时代的神韵，蕴藏着深厚的民族风格。

这些造型稀奇古怪的"泥泥狗"，就像一部活生生的《山海经》。无论从它夸张的手法、逼真的造型，还是对比强烈的色彩，都呈现出一种古朴的原始美，呈现出一种中华民族文化的特色。

淮阳泥泥狗表现的题材十分广泛，天上的飞禽，地上的走兽无所不有，造型虚幻神秘。林林总总的怪异形体中有九头鸟、人头狗、人面鱼、猴头燕、蟾蜍、蜥蜴、豆虫、蝎子等，还有各种抽象、变形的多种怪兽复合体共约200余种。

淮阳泥泥狗的动态以稳重为主，几乎没有过大的动势，人物的造型基本是正势。在平稳中传递了一种内在的气势。好像"稳如泰山"一词的形容，立地扎根很坚固，不可动摇。这种动态就像能够长久存

五行 木、火、
土、金、水五行
的各个性质。木
性代表仁，就是
慈爱、行善。火
性代表礼，就是
为人谦让谨慎，
敬上而不欺下。
土性代表信，就
是又诚实又温厚
诚恳之意。金性
代表义，就是崇
善弃恶，事事都
顺理。水性代表
智，是观察事物
详细，对于任何
事能预知前兆，
善理权谋术事。

在，产生一种时空的永恒感。

圆结合本身就具备一种哲理性。淮阳泥泥狗的头概括成圆形，而身体处理成方形，胳膊做成圆柱形，脚就做成方块形。大方大圆的结合，特征尤为明确。淮阳泥泥狗就是用最洗练的形传达最丰富的神。

淮阳泥泥狗用线很有力度、挺拔且直来直去，不拖泥带水，没一点做作，用点也十分果敢、铿锵有力，斩钉截铁。

泥泥狗以黑为基调，再饰以红、青、黄、白，统称"五色"。红、青色艳丽，白为明色，黄则为中和色，在黑色的包容中通体鲜艳夺目，具有强烈的视觉冲击效果。"五色"则源于中华民族的"五色观"，由来已久。

"五色观"源于周易"五行说"。"五行"指自然界的五种基本物质。伏羲氏"以龙纪官"，就有春

■ 淮阳泥泥狗

宫青龙氏，夏宫赤龙氏，秋宫白龙氏，冬宫黑龙氏，中宫黄龙氏，乃"五色"之源。

"五行"属于物质，与人们生活密切相关，与周易的"阴阳观"，是传统文化中的一对双胞胎，属于朴素主义的思维方式，并不神秘，具有原始的科学性。

由"五行"而派生出"五性""五色""五味""五官""五脏""五毒"乃至宣扬封建伦理的"三纲五常"以及进入佛门的"五戒"等，成为我国传统文化的某些内涵。

泥泥狗的五色其实也来自八卦。五色是本色，是万物之本色。泥泥狗从底色黑色而起，揭示了太极生两仪，两仪生四象，四象生八卦，八卦生万物，宇宙大千世界万物生长消息的整体秩序规律。这种浑厚与古朴，来自于饰绘泥泥狗的"五色"，秉承了我国古代传统的色彩哲学观念。

点和线是构成泥泥狗纹饰的基本元素，但这些看似简单的纹饰

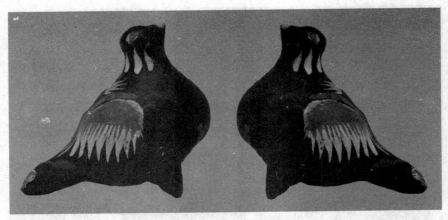

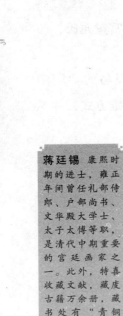

■ 河南淮阳泥泥狗

"——""—",却与伏羲创制的"八卦"符号有着惊人的相似。

泥泥狗身上的神秘八卦符号,反映出人祖伏羲对天地万象观察、归纳和总结的精粹。伏羲八卦卦象由三条虚实相间的线组成,实线"—"谓"阳爻",即乾;虚线"——"为"阴爻",即坤。

清代蒋廷锡《古今图书集成》中记载:

> 一阴一阳谓之道,阴阳交感,男女配合,天地常理也。天地不交,则万物从何而生,女之归男乃生生相续之道。
>
> 男女交而后有生息,有生息而后其终无穷,前者有终而后者始,是人之始终也。

蒋廷锡 康熙时期的进士,雍正年间曾任礼部侍郎、户部尚书、文华殿大学士、太子太傅等职,是清代中期重要的宫廷画家之一。此外,特喜收藏文献,藏庋古籍万余册,藏书处有"青铜轩",藏书印有"蒋扬孙考藏记""蒋氏家藏图书印"等。

"爻"的实质意义隐含着阴阳、虚实、交合、男女之道,天地万物生息之常理。

泥泥狗之所以用黑底,这是象征伏羲开天辟地之前,混沌未开,没有天地,宇宙是一片黑暗,天地开，才有大千世界。

东方泛青，升起了火红的太阳，黄色的大地上万物皆生，人类才能生存。太阳由红变白，日升日落，周而复始。看到泥泥狗，首先让人感觉到的是黑色，这是本。

看到青色，想到生；看到了黄，想到了盛大；盛大之后，是要白的；白之后，是要黑的。这里其实警示人一个物极必反的道理。

泥泥狗之所以塑成人面狗身的形象，与当地一个神秘的传说有关：

淮阳古时候叫"宛丘国"，国王有个美丽可爱的女儿，百姓过着平安富足的生活，由此而惹得外敌垂涎，兵犯宛丘。

大兵压境之下，国王急召大臣商量对策，但没人能想出退兵之计。情急之下，国王说："谁能在三天之内退了敌兵，我就将女儿许配给他！"

不久，宛丘城外的蔡河上漂来一只大白龟，驮着一条大黄狗。大黄狗冲着敌兵狂叫三声，瞬时间飞沙走石，敌兵全被刮上空中，又重重地摔死在地上。

大黄狗叼着敌人部落酋长的头冲进宫殿，冲着国王叫了起来。无奈之下，国王只好兑现承诺。女儿得知要给黄狗做媳妇，哭得一塌糊涂。

■ 河南淮阳泥泥狗

淮阳泥泥狗

这时，一老臣献计说："听说这狗是有来历的，只要把它扣在缸底下，七七四十九天就会变成人。"

国王立刻吩咐把黄狗扣进缸里，放在西厢房，就等着七七四十九天的到来。

公主到了44天头上，想看看到底变成个啥样了。天刚蒙蒙亮，公主就把缸掀了起来，只见五色斑斓，瑞彩千条，满屋香气扑鼻。她仔细一看，发现下边一位英气勃勃的少年。

阅读链接

泥泥狗纹饰的主题始终贯穿着祖先崇祀和生命崇仰的主线，其中，形式多样的太阳纹是对主神"太昊伏羲"的一种视觉解读。

《帝王世纪》中有"太昊伏羲氏，东方青帝，继天而生，首德于木，为百王先。帝出于震，未有所因，故在东方。主春，像日月之明，是称太昊。"

"太昊"为伏羲之号，"太"亦作"大"，"昊"或作皓，寓意盛大光明。"昊"为浩渺天空中的太阳，表意对太阳的虔诚崇拜。

祭祖怀远的布老虎和纸扎

在陈楚中心淮阳古庙会上，随处可以看到琳琅满目的布老虎。

有单头虎、双头虎、直卧虎、侧卧虎、枕头虎等，形态各异，大小不一。这些俗雅并存的艺术品，大都出自乡村农妇之手，是民间艺人勤劳智慧的结晶。

■布老虎

这些老虎不是深山老林中那种凶猛的野兽，而是装饰化、人格化了的布玩具。它们造型天真活泼、稚气可爱，活像一个个惹人喜爱的孩子。

逛庙会的人们总要为孩子买上几个带回去，希望儿女们不受邪恶侵犯，吉祥如意，同时也像老虎那样虎里虎气茁壮成长。

追根溯源，布老虎起源于虎图腾崇拜。原始社会，风雷闪电，猛兽出没，人类自身的脆弱，强大的老虎被人们看作是世界上的强者。

图腾 是原始人群体的亲属、祖先、保护神的标志和象征，是人类历史上最早的一种文化现象。社会生产力的低下和原始民族对自然的无知是图腾产生的基础。图腾就是原始人迷信某种动物或自然物同民族有血缘关系，因而用来做本民族的徽号或标志。

老虎不仅勇猛无敌，而且对自己的幼崽特别保护，民间有"虎毒不食子"的说法。因此，人们把虎作为生命保护神和繁衍生育之神。

布老虎之所以成为布制玩具中的代表，是因为它与我国民间风俗有着极为密切的关系，这种关系最早可以追溯到上古时期。

早在6000多年的新石器时代，原始部族在陶器、石器及玉器上，便有类似虎的图画，在河南的仰韶文化时期的墓葬中，虎与龙分别居于死者左右，从中可以看出虎在先民心中的地位。

在社会生产力低下的时代，人们对于自然和疾病

■ 布老虎

都无法科学地认识，只能归之于看不见、摸不着的恶鬼。

人们希望战胜鬼，于是便把这个希望寄托在理想中的英雄人物和老虎这种猛兽身上。老虎之所以成为百兽之王，自有其原因。

■ 布老虎

虎是健康的象征，人们用"虎头虎脑""生龙活虎"比喻身体的强健；虎象征着威猛雄武，《诗经·鲁颂·泮水》称勇武之臣为"娇娇虎臣"，《尚书·牧誓》称武王有"虎贲三百"。

虎象征着权力，国家用兵兵符，使节出国所持之节都以虎字名称为"虎符""虎节"。

"虎符"用铜制成，分为两半，一半存朝廷，一半付外官，朝廷有事遣使持半符，到外官处发令，两个半符合成一体则为真，即发令，可见"虎符"代表最高军事权威。

虎更是赈灾辟邪的象征，《风俗通》中说：在很久很久以前，在一座风景秀丽的山上长满了桃树，看管这片桃林的是兄弟俩，名叫神荼和郁垒，两人力大无比，技艺高强。为了管好这片桃林，兄弟俩驯服了山上的虎群，命令它们守卫着桃林。

通过兄弟俩的辛勤劳动，桃树长得枝繁叶茂，眼

《风俗通》 即《风俗通义》，东汉时期泰山太守应劭著。原书30卷、附录1卷，今仅存10卷。该书考论典礼类《白虎通》，纠正流俗类《论衡》，记录了大量的神话异闻，作者还加上了自己的评议，从而成为研究古代风俗和鬼神崇拜的重要文献。

陈楚风韵

陈楚文化特色与形态

■ 布老虎

旧时农历新年贴于门上的一种画类。门神是道教和民间共同信仰的守卫门户的神灵，旧时人们都将其神像贴于门上，用以驱邪辟鬼，卫家宅，保平安，助功利，降吉祥等，是民间最受人们欢迎的保护神之一。

看着就要迎来丰收的一年。桃子即将成熟的消息引来了一群恶鬼，它们冲上山来，企图用武力抢夺别人的劳动果实。

兄弟俩指挥着群虎与群鬼拼杀在一起，哥哥用桃木棍将鬼击倒，弟弟用苇绳将鬼绑住。打翻一个，捆住一个；捆住一个，虎便吃掉一个！不一会儿就消灭了大部分的恶鬼，剩下的恶鬼见势不妙，狼狈逃去。

战斗胜利了，神荼、郁垒的名字传遍了人间。后来世人便将神荼、郁垒尊为门神，老虎的名气也随之大振，成为百兽之王、恶鬼的克星。可见，从上古时期就画虎贴于门上以御凶护宅辟邪保平安了。

淮阳布老虎以双头虎枕为多见，是崇虎习俗在民俗中的表现形式，其中蕴含着深厚的文化内涵。双头虎枕是一个象征阴阳相合的母体，可以祛灾，保护娃娃的平安。而单头虎、直卧虎等则是作为全家保护神的镇宅图腾虎类型。

这些布虎内腹装草糠，黄布包皮，人工缝制，扭曲了老虎原形，把其身躯和尾巴都大幅度地收缩了，四肢也极度地简化了。然而，老虎的主要特征却丝毫没有忽略。而且，虎头更给予着意的刻画。它那又圆又大的眼睛和龇牙咧嘴的形态，都被明显地夸张。

形象夸张之外，淮阳布老虎的神态夸张得更为准确生动。正像我国传统艺术追求的那样，"不肖形似，而求神似"。

这种老虎形象，把现实中的虎和理想化的虎交融在一起，具有人的性格，满含人的感情，因此显得格外可爱迷人，憨态可掬。

因此，布老虎已不是普通意义上的装饰品和玩具，也是后人对人祖伏羲、女娲的怀念与敬仰，成为早期人类繁衍崇拜的物化和象征。

淮阳的布老虎也是我国最朴实的布老虎，造型简洁，四四方方，仅在虎耳、腿爪、尾巴部位有些变化；色彩简洁，只有黄、红两色，虎身上也没有过多的色彩装饰；做工简洁，没有一般布老虎缝、绣、缀、粘等针线布贴工艺；装饰简洁，虎的五官和背上的花纹，大体采用套版手工印刷上去，细部再辅以描画，简单明快，有木版画味道。

制作布老虎的材料，较常见的是把棉布、丝绸缝制成形，内部装

■ 布老虎

■ 布老虎

香草 是一种能
够散发出独特香
味的植物，通常
也有调味、制作
香料或萃取精油
等的功用，其中
很多也具备药用
价值。虽然一般
所谓的香草主要
是指取自绿色植
物的叶的部分，
但也包括花、果
实、种子、树
皮、根等，植物
的各个部位都有
可能入药。

填锯末、谷糠、棉花或香草，表面用彩绘、挖补等手
法描绘出虎的五官和花纹。

　　首先是剪出布样。大小可以根据自己喜好，小片
的是耳朵，长片的是肚子；然后将布的正面相对缝
合，注意要对接得齐整；再在肚皮下面剪开一个长
口，将布翻到正面，添入棉、糠等；下一步是把开口
缝合起来，缝耳朵的时候将布正面相对，缝合上边，
然后再翻到正面缝合底口，抽线拉出褶皱；最后给布
老虎装饰脸面，缝上眼睛、鼻子，用毛线做胡须，再
把耳朵缝到头上。

　　渊源自古，华夏的民俗节庆长盛不衰。从异彩纷
呈的欢庆盛况，到千姿百态的文娱表演，无不展示出
传统文化的迷人魅力。张灯结彩庆佳节，民俗风情千
古传。

　　纸扎，也叫像生、扎纸活、扎彩等，原是民间

用于丧葬活动的纸质器物的统称，主要包括纸人、纸马、纸屋、纸箱一类，一般多用于出殡行列中，到入葬时在坟前用火焚化，给死者带到"阴间"享用。

从事这项工作的匠人一般称为"纸扎匠"，其扎制技艺是民间艺术的一门独特行业。

民间传说，从前有个老汉，勤快俭省一辈子，给儿子媳妇挣下一份家业。可儿子媳妇对他忤逆不孝，把老子活活气死了。

阎王爷得知实情后，令牛头马面去人间把老汉留下的东西什全部烧光，以示对忤逆不孝之子的惩罚。

老汉心肠一软，托梦给儿子，要他快想解脱的办法。媳妇连夜请来几个搭棚的匠人，命其照着宅院的样式扎几间纸房，其中纸床、纸帐、纸桌、纸椅，样样具备。

第二天，夫妇俩伏地跪迎牛头马面，一面哭诉懊

■ 布老虎

悔之情，一面自己动手烧房子，还送一包纸钱给牛头马面做辛苦费，就此打发阴差。

左邻右舍不明原因，问他们干吗要扎纸活儿烧？媳妇谎称这是给公公在阴间享用的。众人遂称赞这对夫妇有孝心。从此烧纸扎习俗慢慢形成了。

周口纸扎工艺是先以竹篾或芦苇，绑扎出物件的骨架，然后以白纸裱糊，最后加彩绘完成。用于殡葬仪式中的纸扎作品有纸幡、纸人、纸马、纸屋、纸箱等类，有的还发展到门神、狮虎、仙鹤、人子花、四老、四盆花、楼阁、聚宝盆、金银山、马车等。

纸扎工艺主要也用于年节期间的文娱活动，如跑旱船的船用纸扎的腰灯，毛驴、狮子亦作此状。

在周口地区就有龙灯、狮子、竹马、旱船、花草、黑驴、河蚌、鱼、花篮、绣球等多种纸扎道具，用于年节的歌舞和灯会之中。

阅读链接

在庙会上，布老虎的买主往往不是孩子，是来人祖庙求子的香客，每年庙会上来求子的人数占有很大的比例。

虎在民间被看作阳物，是旺盛的生殖力的象征，求子者把虎请回家去，特别是沾着人祖灵气的虎，是期冀这种生殖力能影响转化到自己身上去，繁衍生命早得贵子。

淮阳布老虎的这种助人生育的功能寓意，是其他地方的布老虎所不具备的。

名闻天下的"七台八景"

　　陈楚中心地淮阳历史悠久，风光秀丽，"七台八景"闻名遐迩。从《陈州府志》与《淮阳县志》看，不同的时代淮阳有不同的"七台八景"，通常以清代定名的"七台八景"作为标准名称。

　　淮阳七台为：画卦台、弦歌台、读书台、梳洗台、五谷台、望鲁台、紫荆台。

　　画卦台是人文始祖太昊伏羲氏始画八卦的圣地，是中华文明第一道曙光升起的圣地。早在6500年前，人文始祖太昊伏羲氏建都宛丘即淮阳，在蔡水得白龟一只，在画卦台前凿白龟池蓄养，常临池观看，从白龟龟纹得到启发而画出了千古八卦。

■ 伏羲八卦图

■ 弦歌台

中庸之道 我国古代唯物主义哲学观点论，出自儒家文化的《中庸》。中庸之道是人生的大道，事业成功、生活与健康的根本理论，基本包含"中不偏，庸不易""中正、平和""中用"三层理论。

八卦是我国"群经之首"《易经》的核心理论，也是后世尖端科学理论的母体理论。其中画卦台在淮阳龙湖中。

弦歌台位于淮阳龙湖之东南隅，是纪念大圣人孔子"陈蔡绝粮"的圣地。孔子是伟大的思想家、教育家、儒学创始人、"大成至圣先师"，居陈国4年，在陈提出了儒教理论最高思想境界"中庸之道"。

孔子"修身齐家治天下"的理论，不仅对我国，而且对世界影响深远。孔子在陈"绝粮七日"，仍弦歌讲诵不止，这一精神，常激励后人严谨治学、志存高远。后人便于弦歌台建殿厚祀孔子。

读书台为宋代文坛巨擘、"唐宋八大家"之一的苏辙苏子由所筑，是苏辙读经诵诗的处所。苏辙是苏轼苏东坡的弟弟，因受其兄反对王安石改革罪株连，贬为陈州教谕。

苏辙不要官费，自于龙湖西北隅的柳湖高地上筑船形书屋，象征"宦海扁舟"，周植莲花，象征"出污泥而不染"，读书自修以向其道。

仕不得志，书以聊之。其兄苏东坡也多次来陈，两人常于此吟诗唱赋，在陈州留下了不少名文佳句。读书台在县城北柳湖中。

梳洗台是指狄青的梳洗台。狄青是北宋时期大败西夏的枢密使，《水浒传·引言》中所述上天命其下凡的武曲星，与包拯一起保佑宋仁宗，才使宋仁宗"文有文也，武有武也"。

狄青因宋仁宗"重文而抑武"被出判陈州。狄青郁郁愤愤，忧国忧民，常披挂戎装，登龙湖西北隅之柳湖岸畔的一个高台上望湖感叹，抒发情感，于第二年愤然死在陈州，葬于陈州东北20千米处。

陈州人民怀念忠良，在台上筑建庙宇祀之，名为"狄青梳洗台"，又称"梳妆台""尚台庙"。

五谷台又称平粮台，是人文初祖炎帝神农氏"教民艺五谷"的圣地。炎帝神农氏在伏羲故都宛丘建都，因而淮阳称"陈"。他尝百草、艺五谷，日遇七十毒，开创了我国远古农业时代和远古医药业的先河。

五谷台高丈余，占地约660平方

■ 司马迁塑像

■ 淮阳清代古建

太史公 西汉武帝
时期设立的官职
名称，位在丞相
上。天下计书先
上太史公，副上
丞相，序事如古
春秋。汉宣帝时
期把太史公降为
太史令，太史令
的职权也就大大
削弱了，仅仅行
文书而已。最著
名的太史公就是
《史记》的作者
司马迁。

米，上筑庙宇，正殿奉炎帝神农氏像。这是淮阳仅次于太昊伏羲陵庙的第二大庙宇，也是淮阳的重要历史景观。

太史公司马迁《史记》注说，陈地有"神农井"。是在炎帝神农氏的座基下的一眼古井，在这眼古井中打捞有一些石器等，在台周围也发现了几眼古井。五谷台在县城东北处。

望鲁台，又称"秋胡台""鲁台""望夫台"。台高丈许，占地一亩，位于龙都淮阳东南39千米处。

《乐府解题》记载，秋胡是鲁国南武城人，与妻子结婚五天后就到陈地任职为官了。五年之后才回家。行至村前，秋胡看到一位采桑叶的美丽女子，心生爱慕，于是便拿出钱去挑逗她，结果遭到严词拒绝。秋胡只好悻悻地回家了。

到家后，秋胡把钱交与母亲，然后询问妻子在哪里。妻子回来了，竟然是刚才被调戏的那位女子。秋胡一时羞愧难当，默然无语。

妻子的愤怒可想而知，她指责秋胡说："你在外做官这么长时间，不是着急回家看望母亲，反而调戏路边的妇人，这是不孝、不义；不孝的人，就会对君不忠；不义的人，就会做官不清。不孝不义的人，我没办法和你一起白头偕老。"说完出村往东跑去，投沂河自尽了。

后人哀之而赋之"秋胡行"，又依赋编成戏曲《秋胡戏妻》。

旧志说，秋胡鲁台集人、官于鲁，其妻罗氏每思念夫，常登台以望鲁，故曰"望鲁台"，或"望夫台"。《陈州府志》说，秋胡鲁台人，纳妻扶沟罗氏之女。扶沟县有罗夫人庙祀之。

紫荆台位于龙都淮阳南12.5千米处，因台上盛长一棵高大的紫荆树而得名。紫荆树，人称"兄弟树""同本树"，是亲亲的象征树。

《续齐谐记》记载：紫荆台下有田氏三兄弟分家，家产分妥后，又想把这棵紫荆树一分为三，不想紫荆树夜间突然死去。田氏兄弟三

淮阳太昊陵先天门

■ 蓍草

人见了，知天意不允，便不再分家，次日紫荆树郁郁青青，复活了。

紫荆树由此传为佳话，成为同根共本的"兄弟树"，紫荆花称之为"兄弟花"，激励后人兄弟亲亲团结，共向美好。

淮阳八景为：羲陵岳峙、蓍草春荣、蔡池秋月、弦歌夜读、卧阁清风、望台烟雨、苏亭莲舫、柳湖渔唱。

羲陵岳峙。指太昊伏羲陵墓。太昊伏羲氏位于三皇五帝之冠，其陵墓之高大，是我国远古帝王，包括黄帝陵、炎帝陵都不可比拟的，巍巍拔地而起，耸若峰岳，屹立于蔡水之阳。

若登陵远眺，万亩龙湖的天光水色、陈州古城的秀美风光尽收眼底，令人心旷神怡，骤起思古幽情。

蓍草春荣。指太昊伏羲陵墓后的蓍草园。当年太昊伏羲氏用蓍草画出千古流传的八卦，因此蓍草被认为是卜筮的灵物，专用于撰卦。

蓍草是多年生菊科草本植物，正六棱柱形，春生夏长秋衰冬藏，只有在伏羲陵墓后才生长。对此，古籍的记载比比皆是。古时历代帝王钦差代帝王谒陵祭祖，无不虔诚地带一株回呈，因此蓍草就又成为一种信物。

蔡池秋月。指画卦台前的白龟池，是当年太昊伏羲氏蓄养白龟的圣池，位于龙湖之中。白龟是伏羲仰观俯察、以类万物之情、始画八卦的参照物。

时至中秋，皓月当空，临池而睹，湖草之间，静影沉璧，悟八卦之奥、白龟之妙，通天道之秘、大道之玄，思天根月窟，探人生之道，别有情致。

弦歌夜读。指弦歌台三进院之弦歌书院，是孔子绝粮时讲学之所，我国春秋时代著名三大书院之一，有"书声琅琅月溶溶，似谱弦歌解素衷"之美称。

卧阁清风。指汲黯卧治阁。汉时，淮阳盗坊甚嚣，帝令卧病在床的汲黯出任淮阳太守。汲黯卧治淮阳，淮阳政清，自己却晚节清凉，七年乃卒，葬于陈州东20千米处。淮阳人把它作为淮阳八景之一，显然是官民对"清风"的向往。

■ 淮阳太昊陵灵佑池

■ 淮阳柳湖

望台烟雨。指望雨台，始于宋代，位于柳湖中。《陈州府志》说是宋代知州张咏筑就。张咏原是礼部尚书，掌管朝廷礼仪、科举、学校等事。因弹劾王亲贵族而遭排挤，贬为陈州知府。

张咏在陈州七年，励精图治，忧国忧民，在陈州龙湖中筑十八丈高之望雨台，

每逢雨季，常常登台孤思。

苏亭莲舫。指苏子由读书台。苏子由常读书于此，台成船形，象征宦海若舟。亭周围植莲花，象征"出污泥而不染"。"苏亭莲舫"具有深刻的哲理寓意，这也正是其被千古颂扬的原因。

柳湖渔唱。指的是陈州渔民在柳湖中打渔的绝妙风光。柳湖朝夕景色艳丽，月下静影沉璧，盛产鱼类。灿烂的阳光下，柳湖岸杨柳迎风、袅袅娜娜，柳湖中渔帆点点，渔歌四起，景物溶融，情景合一。

阅读链接

画卦台有一只白龟石雕，是按照后来白龟池中出现的一只大白龟放大100倍的比例雕刻的。这只白龟是雌性，重650克，年龄是250岁左右，背部乳白色，腹部纯白色。

它的结构是：背中甲是5块，表示五行；由此而外左四右四共8块，表示八卦；左右连接背中上下两块共10块，表示十天干；背中余3块，表示3才；周边左12，右12，共24块，表示二十四节气；腹部有12块，表示十二地支；背部、腹部再加上四肢与尾首，共64块，表示六十四卦，这一系列奇特的数字均与阴阳八卦之数暗合，因此引起了人们的广泛注意。

文化风采

　　陈楚地区的艺术传统有着悠久的历史，与民族文化有着最直接的关系，是我国传统艺术的重要组成部分，指音乐、戏曲、舞蹈、曲艺、杂技等表演艺术门类。

　　越调一说起源于春秋战国时期，和越王勾践卧薪尝胆有关；沈丘县"文狮子"有狮舞、麒麟舞、独角虎舞组成，最早发源于汉唐时期的西域"五方狮子舞"和"胡人假狮子"。此外周口道情、淮阳担经挑、周口杂技等，也是陈楚精美华章。

　　周口的心意六合拳是明末清初，山西永济县尊村的姬际可先生所创，后有买壮图，率先将心意六合拳传入周口等。

以象鼻四弦为主的周口越调

越调《收姜维》剧照

越调是陈楚故地周口的传统戏剧，是河南省的三大剧种之一。越调原称"四股弦"，因其伴奏乐器是象鼻四弦，故而得名。

其演出形式有皮影越调戏、木偶越调戏、越调大戏班三种，后来在湖北北部、安徽西部和河南的南阳一带农村流传。

关于越调起源，流传有多种说法。其中之一据说起源春秋战国时期：

越王勾践被俘吴国，丞

■ 越调武生扮相

相范蠡用美人计献西施于吴王，越王勾践回越国后，卧薪尝胆、立志报仇雪耻，号召越国民众唱起一种鼓舞斗志的民歌，一举打败了吴国。

范蠡带西施回到了家乡河南内乡县，这种曲调随之在南阳、襄樊区域流传后世，这些民歌因是越国曲调而为"越调"，久唱传至又加入人物情节表演成为一种越调，兴盛于陈楚地区。

另一种说法，越调原本被称为"月调"，源于《霓裳羽衣曲》：越调"慢板"与相传的《霓裳羽衣曲》有某些相似的因素，其源头可追溯到李唐时代。

因《霓裳羽衣曲》为唐玄宗梦游月宫所得，传入民间后，初名"月调"，渐渐易名"越调"。乃古代戏曲的一般地方剧种所共同拥有的"平、背、侧、月"的四种调门之一。

根据历史资料，清代乾隆年间越调已经在周口一

西施 本名施夷光，春秋末期人，天生丽质。我国古代四大美女之首，是美的化身和代名词。"闭月羞花之貌，沉鱼落雁之容"中的"沉鱼"，讲的是西施浣纱的经典传说。与王昭君、貂蝉、杨玉环并称为我国古代四大美女，其中西施居首。

梆子 指梆子腔，戏曲四大声腔之一，因以硬木梆子击节而得名。陕西的同州梆子和山西的蒲州梆子是最早的梆子腔剧种，它们对梆子腔基本音乐风格的形成起了很大的作用。陕西的秦腔、山西中路梆子、北路梆子、河北梆子、河南梆子、山东梆子等，均属梆子腔。

带地方广泛流行开来。尤其在南阳一带，他的民歌小曲"四股弦"专门采用月调来进行演唱，之后慢慢演变为专门的戏曲，正式称为"越调"，究其根源，实际是由南阳梆子的一种变体演化而来。

最早的时候，越调唱腔原先是曲牌格式体制的，后来由于受到梆子等戏种的影响，在演出的剧目上逐渐正规化，其具体形式随着由"正庄戏"即袍带戏到"外庄戏"即民间生活戏的过程而发展变化。

越调的表演开始由曲牌体向板腔体过渡，乐队也由以唢呐、竹笛为主过渡到以四弦乐器为主。

正庄戏为越调的传统剧目，其结构严整，唱词深奥，每段唱词固定，并规定有一定的曲牌和调门，道白时用卧笛伴奏，主要演历史袍带戏，多以生、净"外八角"为主。

外庄戏多系活词连台本，也有许多民间传说、公案故事。外庄戏以小生、小丑"内八角"为主角，词句通俗，多唱少白，别具特色。

越调在清朝末年发展到了它的兴盛时期，在河南西南部地区出现了很多专业班社。较早的有1865年前后的西峡三泰班、1874年前后的淅川六房科清平班、1877年前后的内乡、淅川永和班等。

■ 越调《火焚绣楼》剧照

■ 越调表演剧照

除了在河南本省的发展外，有的班社还向外传播远到外省市去演出，例如湖北郧阳柳林陂罗公庙舞楼上，就保存有"光绪三年二月内、阳二邑永和班月吊在此一乐也"的戏班题壁。

据说在当时，仅汝州、宝丰、郏县就有100多个越调班社，在邓县也有几十个科班。那时演出的剧本《火烧梅伯》《赵公明归天》《三仙妹》等戏，还采用唢呐作为伴奏乐器。

后来南阳大越调班子还曾经到过开封老羊市戏院演出。此后，著名的越调班社计有邓县老越调班、长葛县长庆班、舞阳大越调班、许昌一道辙班、襄城石行班与七班、禹州马车厂班、新郑县四街戏班等。

在此期间，以舞阳班的老桂红为首的一批女演员开始登上越调舞台。

越调原为曲牌体剧种。拥有曲牌200多种，唱腔

赵公明 又称赵玄坛，"玄坛"是指道教的斋坛，也有护法之意。相传为武财神，统帅"招宝天尊萧升""纳珍天尊曹宝""招财使者陈九公""利市仙官姚少司"四位神仙，专司迎祥纳福、商贾买卖。

唱念做打是我国戏剧表演的四种艺术手段，也是戏剧表演的四项基本功。唱指歌唱，念指具有音乐性的念白，二者相辅相成；做指舞蹈化的形体动作，打指武打和翻跌的技艺，二者相互结合，构成歌舞化的戏剧表演艺术。习称为四功五法的四功，即是指唱念做打四种技艺的功夫。

有九腔十八调之说，九腔：前五腔分别叫一腔、二腔、三腔、四腔、五腔，都属于"慢板"。从第六腔始转"流水"。但也可以从第二腔或第三腔或第四腔转"流水"。第六腔称彩腔。第七腔称吹腔，属于曲版体。第八腔称昆腔。第九腔称哭腔，速度较快。

十八调：十字头、乱弹、铜器调、披甲调、拉马调、潼关调、打揪调、定杠调、玩猴调、二簧调、清戏调、罗戏调、银纽丝、拖着调、吓唬调等。

此外还有吹腔和杂调等形式，例如《娃娃腔》《一串铃》《梅花酒》《神童令》等。

越调的角色行当齐全，包括大红脸、二红脸、文生、武生、二毛、正旦、花旦、闺门旦、浪旦、武旦、老旦等十几种，每个行当都有鲜明的个性色彩。

越调剧种以唱、念、做、打、舞戏曲程式化为表演形式。其唱腔高亢、明快、淳厚、质朴；既善于表

■ 越调《尽瘁祁山》剧照

现激昂慷慨、悲壮高歌的场面，又能抒发深沉、轻柔、哀怨的感情，具有河南民间音乐特色和乡土气息。并在长期的发展中形成了本剧种的独特风格。

越调在唱词上，其原有的传统戏结构十分严密，唱词少，道白多，语句相对比较文雅深奥，在唱调上也按一定的曲牌和调门演唱。

越调在演唱的时候以真嗓为主，假嗓为辅。早在清朝末年曾经盛行句尾拖腔的形式，以假嗓八度上挑的唱法。净行的演唱的活动音区要比其他对应的行当高五度，所以大多采用假嗓演唱。

因为越调的各行当在清代时都是男演员，因此比较容易采用同宫同腔的方式。随着女演员的登台唱戏以后，越调逐渐采用了男女同宫异腔的方法。

越调在其表演技巧上还有一些特殊的技巧，如贾狗娃饰演大净角色能七窍出血，樊书运饰演周瑜时能咬牙作响，杜天云扮演赵公明能做到口出獠牙，刘金钟饰演李俊时还能变脸作色等。

越调的伴奏乐器在文场一般以象鼻四弦为主，后逐渐改造成短杆

古筝 我国独特的、重要的民族乐器之一。它的音色优美，音域宽广、演奏技巧丰富，具有相当的表现力，因此它深受广大人民群众的喜爱。是一件伴随我国悠久文化、在这片肥沃的黄土地上土生土长的古老民族乐器。

形式，音弦的定调也随之发生改变，此外再搭配上弹弦乐器月琴，就构成越调伴奏的"三大件"。

除此之外的伴奏乐器还有诸如竹笛、三弦、唢呐、笙等，以后又增加了二胡、中胡、中阮、古筝、琵琶、大提琴等。

越调的武场伴奏则一般以鼓板、手镲、大锣、小锣为主，再配上堂鼓、低音锣，后来又逐渐增加进许多种色彩性、效果性的打击乐器，使其富有表现力。

越调的器乐的曲牌大约共有200多首，分为笛牌和弦牌两种。笛牌有诸如《小桃红》《雁儿落》《收江南》《寄生草》等。而弦牌则大多来自于民间乐曲，有《大开门》《闷葫芦》《双叠翠》《苦中乐》等。

周口越调所演剧目有"老十八本"和"小十八本"之别，就传统剧目有300多出。"老十八本"包括《踢狮子》《秦琼卖马》《金蹬救主》《跑马跳坑》

■ 越调武生扮相

等；"小十八本"包括《一捧雪》《两狼山》《关公小出身》等。除此之外还有像《打铁》《卖豆腐》《三哭殿》《送灯》等小戏。

越调传统剧目中仅"三国"戏就有《诸葛亮出山》《舌战群儒》《借东风》《诸葛亮吊孝》《七擒孟获》《空城计》《智收姜维》等，这在全国所有剧种中是独一无二的。

阅读链接

周口越调原在清朝乾隆年间已在河南南阳一带流传，至咸丰时已流传到邓州、禹州、许昌、郑州、商丘、周口一带。

因其也采用河南方言演唱，旋律与豫剧有相通之处，也是大小嗓结合。

不过越调有自己的演唱风格，具有河南民间音乐特色和乡土气息，在发展中形成本剧种的独特风格，是深受广大观众喜爱的一个比较古老的剧种。

欢快热烈的沈丘"文狮子"

■文狮子

在陈楚地区沙颍河畔的沈丘县槐店回族镇，流传着一种独特的民间舞狮形式，这就是闻名遐迩的沈丘"文狮子"。

表演时突出的是狮子的温驯神态，如狮子出山、走步、搔痒、舔磴、饮水、舔毛、抖毛、观景、吞绣球、生狮仔等，其情节极富生活化。故当地人把它称作"文狮子"。

"文狮子"舞最早出现在元代，但究其这一艺术形式的历史渊源，上可追溯到隋唐以前的西域诸地。狮子在我国汉代以前称作"狻猊"，汉代始称"师子"，"师"字后人给加"犭"旁为"狮"，属外来语。

■ 舞狮表演塑像

《尔雅注疏》卷9《释兽》记载："狻猊，如虦猫，食虎豹"，郭璞注："即狮子，出西域"。狮子产于西域，以波斯为多。

《魏书》卷102《西域传》记载："波斯国……又出白象、狮子、大鸟卵"。

沈丘历史上流传着文狮子的文化习俗，据"梁宋吴楚之冲，齐鲁汴洛之道"的历史渊源，东晋十六国、南北朝、火塘、晋、金、元等不同时期，先后有匈奴、鲜卑、沙陀、女真、蒙古等民族在中原建朝立国，在此处构成了多元民族民间文化生长和传承的特殊地理环境。

据同知袁五伦纂修《槐坊厅志·艺文志》记载：

> 狮为兽中之王，如怒吼一声，百兽震恐，不敢出山。雌狮闻之劝曰：不须这样，

《尔雅》 我国最早的一部解释词义的专著，也是第一部按照词义系统和事物分类来编纂的词典。"尔"是"近"的意思，"雅"是"正"的意思，在这里专指"雅言"，即在语音、词汇和语法等方面都合乎规范的标准语。

应和睦相处，仍不失尊威；雄狮点头，一改故态，远近之间，群皆赞拥。自此狮王位益尊，威益重。今教门人习尚舞狮由来于此。

这段记载，道出了当初创编"文狮子"的寓意。

根植于中原的民间舞狮艺术发展到明代，又融入了"独角虎""麒麟"，形成狮、虎、麒三兽舞。

相传独角虎源于独角羊，独角羊即"廌"，又称"解豸"或"獬豸"，古人用此以公正断狱，《论衡·是应》记载："獬豸者一角之羊也，性知有罪。皋陶治狱，其罪疑者，令羊触之。有罪则触，无罪则不触"，是法制与公正的象征。

"麒麟"一词中外各有记载，据说七下西洋的郑和曾收到最珍贵的贡品一只麒麟、一只天鹿和一匹天马。《礼记·礼运》："山出器车，河出马图，凤凰麒麟，皆在郊椒"，这里记载的是我国传说中的祥兽，其状如鹿，独角，身长麟甲，尾像牛。

■ 舞狮

而沈丘县舞的麒麟道具，形状为马首鹿角带须，全身披深蓝色麟甲，狮子尾。

发展到后世，"文狮子"已成为槐店群众喜闻乐见的一种民间艺术，每逢节日庆典都要巡街演出，有"颖岸人如海，舞狮击鼓忙。楼前波涌月，华灯耀沈城"的壮观场面。

槐店回族镇的东关、马楼、海楼等村街坊还成立了"回民公义文狮会社"。社中有舞狮手、耍火球手、领绣球手、鼓手、锣钹镲手等。

会社每3年都要公推一位德高望重的社首负责组织和协调演出活动，并对"文狮子"艺术进行挖掘整理，在继承传统的基础上进行再创作，如新改编的"三狮闹春""狮子望月"等情节，突出了趣味性和欢快气氛。

■ 清代《舞狮图》

"文狮子"舞分游街表演和场地表演。狮、虎、麒道具各一套，小狮子道具一式两套。圆笼绣一个。道具全部由本地老艺人制作。乐器为打击类和吹奏类，打击类乐器有重音大鼓、锣、堂锣等，吹奏乐器为"别里子"，即波斯螺号。

表演顺序为独角虎、麒麟、狮子。随鼓点振节舞蹈。在"别里子"奏出麒鸣、狮吼、虎啸之音中转换情节。

独角虎在一声轰啸中出场，节奏猛快，四处巡回，视察山情，维护一方平安。独角虎中的圆笼绣是独角虎评判是非的象物，独角代表法律，能断案。

独角虎先围圆笼绣观察，迈、踩、闻，然后用独角触之，衔起来，最后判定此象物有罪。独角虎主要表现其威猛、无私、公正。寓意社会公平公正，消除

麒麟 亦作"骐麟"，简称"麟"，是我国古籍中记载的一种动物，与凤、龟、龙共称为"四灵"，是神的坐骑，古人把麒麟当作仁兽、瑞兽。雄性称麒，雌性称麟。民间一般用麒麟主太平长寿。

歧视，是弱势族群渴望民族平等的一种心声。

麒麟出场温文尔雅，一副尊者的做派，麒麟舞主要是头上的冠子和两个麟角，冠子代表高贵，麟角翎翅代表权位。

圆笼绣在麒麟舞中扮演的是一个外来者的象物，麒麟开始想除掉圆笼绣又觉莽撞，便一点一点接近观察了解，原来这个新邻居是个逃难的弱者，便不忍心伤害，并同情怜悯和它亲密起来，与它亲吻拥抱并接纳了它。文舞狮民间传说，象征民族团结。

"狮子"作为主角压场，分巡山、观景、吞绣球、生狮仔等几个情节，重点表现母狮分娩。生狮时的母痛，要人们不要忘记生养之恩，幼狮出生后笨拙、不能自立的憨态，让人油然生出一种慈悯之心和抚育下一代的责任感。整套文狮表演，充满着人世间的母爱亲情，栩栩如生，精彩绝伦。

陈楚风韵

陈楚文化特色与形态

高辛氏 即帝喾，为"三皇五帝"中的第三位帝王，即黄帝的曾孙，前承炎黄，后启尧舜，奠定华夏基根，是华夏民族的共同人文始祖，商族的第一位先公，以亳为都城，以木德为帝，深受百姓爱戴。

■ 舞狮表演

"文狮子"引义文雅、亲情、和善，这里狮指为雌性。它区别于"武狮子"的夸张热闹场面。舞蹈动作以原生态为主，特别是"母狮生小狮"的表演，从"闻笼绣"到"吻啃"而后"吞笼绣"受孕等，形象体现了母狮子的温雅柔和，在延承西域"胡狮"舞技的同时又接纳了我国古图腾文化。

舞狮表演

相传，商族的祖先契为高辛氏之妻简狄所生，一天简狄在玄丘河洗澡，捡到了一个五彩花纹的鸟蛋，含在嘴里后滑入腹中，结果生下了契。契成为商族的始祖，后来商族人就把鸟视为自己的图腾。

"文狮子"舞不仅主要表现其十月怀胎的艰辛和分娩的痛苦，而且文狮舞"文"字的另一种含意，是元代人们以此感化蒙古统治阶级多施仁政，爱民亲民。

是老百姓希冀和平和对社会平等的一种呼唤。彰显人们对社会有责任感，善待子女，孝敬父母，报答养育之恩。

阅读链接

　　沈丘"文狮子"已流传了700多年，有其独特的地域文化和民族风格。

　　从沈丘"文狮子"的渊源中，可窥探到中亚文化在中原地区的发展演绎，以及中原传统文化对回族文化的渗入与融合，继而使其成为一朵独具中原回族特色的民间艺术奇葩。

技艺高超的周口传统杂技

杂耍

周口历史悠久，文化灿烂，是人文始祖太昊伏羲氏定都圣地、道家鼻祖老子故里，也是中华龙文化、道教文化、姓氏文化的重要发源地之一。

据史料记载，早在春秋时期，周口就有众多民间艺人以杂耍技艺谋生，可谓源远流长。几百年来，一年一度的淮阳太昊陵庙会就是杂技展演的天然大舞台，杂技团体和杂技班遍布城乡，且实力雄厚、技艺一流，具有典型的广泛性、群众性和代表性。

杂技起源有种种说法，如源于劳动技能的艺术化、原始畜牧业的提炼，最早的驯兽节目、武技的超常表演、部落战争的影响，如原始时代的蚩尤戏、巫术的变幻神奇、原始乐舞中特技等。这些均是杂技源头之一。

周口杂技是历史极为悠久、内容丰富的一门以人体特技异能为中心的表演艺术。它包括各种徒手滚、翻、扑、跌技巧，各种手技、顶技、蹬技、车技和高空悬吊及腾跃技巧；变幻神奇的戏法，还包括了幻术、魔术、马戏和种种驯兽节目；独特的丑角滑稽表演也是现代杂技节目的重要内容。

春秋战国时代，列国兼并激烈，群雄角逐，竞相养士。这些士中当然也有口把式，以出谋划策、能言善辩的说客为特征，但更多的是身怀奇技异巧或勇力过人的大力士，为杂技艺术的正式形成奠定了基础。

秦王朝大规模地将民间技艺集中于京城，并作为宫廷娱乐的一部分，极大地刺激了各种技艺的相互交流和水平的提高。

《史记·秦始皇本纪》记载：

> 秦每破诸侯，写放其宫室，作之咸阳北阪上，南临渭，自雍门以东至泾、渭，殿屋复道，周阁相属……所得诸侯美人钟鼓，以充入之。以至咸阳妇女倡优，数巨万人；钟鼓之乐，流漫无穷。

■ 北魏杂技俑

蚩尤 中华始祖之一。相传蚩尤面如牛首，背生双翅，是牛图腾和鸟图腾氏族的首领。他有兄弟81人，都有铜头铁额，8条胳膊，9只脚趾，个个本领非凡。蚩尤以勇猛善战被历代誉为"战神"。他也是苗族的远祖之一，其活动年代大致与华夏族首领炎帝、黄帝同时。

角抵 我国古代的一种竞技类活动形式，自秦代时兴盛起来。至汉代时，发展而成两个人在公开场合表演的竞技活动，这时已经具有后来摔跤的基本特色，并且有着特定的文化内涵。它们主要是通过力量型的较量，用非常简单的人体相搏的方式来决出胜负。

汉代百戏，指流行于两汉的各类竞技、杂耍、幻术以及乐舞、俳优戏和动物戏等。当时，多沿袭秦朝的称法，叫作"角抵"，如"角抵戏""角抵奇戏""角抵诸戏""角抵百戏"等。

"汉代百戏"是东汉以后对上述不同艺术表演形式的统称。由于百戏是以杂技为主的多种民间技艺的综合串演，所以后人习惯把百戏看成是杂技的前身。

而百戏真正的兴盛，则是出现于西汉武帝时期。汉武帝还专门设立了统管宫廷宴飨时演出的倡优伎乐的机构乐府。

丝绸之路的开通，促进了中西文化的交流。西域各国使节纷至沓来，带来了西域幻术与方物，大大丰富了百戏内容，并与传统的技艺相结合，推陈出新，使汉代百戏的表演变得更加丰富多彩。

经过魏晋南北朝160多年的大动荡和民族文化的大融汇，至589年隋朝统一全国，杂技艺术已经极为成熟，至唐代成为宫廷和民间的艺术。

北宋的首都汴梁，有各种街坊、市场的演出场所，当时称瓦子乐棚。杂技、舞蹈、武艺、说唱各种形体表演艺术，同场献艺、互相观摩，无疑对周口杂技的发展起了促进作用。

陈楚风韵

陈楚文化特色与形态

■ 汉代杂技俑

■ 乐舞杂技画像砖

而元代在元杂剧中，因为当时的戏剧艺人和杂技艺人同场献艺，并在元代鼎盛成熟起来，"杂剧"所以有此名称，周口杂技也得到继续发展。

明清两代，杂技与舞蹈等传统表演艺术很少在宫廷演出。清代杂技艺人进一步沦落江湖。但戏曲却勃兴起来，形成以武戏为主的繁荣景象。

清代，周口杂技艺人生活凄苦，在艰难的环境中，保持和发展了自己的艺术，"蹬技"和"古彩戏法"都有了新的创造，"耍坛子""剑、丹、丸、豆"系列幻术，都达到了较高水平。

古代周口杂技的表演内容，主要包括有四部分：

第一部分是表演"跳丸弄剑"和"载竿"节目的，载竿技巧高超，一人额顶十字长竿，上有三个少年倒悬翻转表演。顶竿者脚下有七个圆盘。表演者要瞻上顾下，力量灵巧达高水平。

元杂剧 又称北杂剧。形成于宋末，繁盛于元。代表作家有关汉卿、王实甫、马致远、白朴等。主要代表作有，《窦娥冤》《汉宫秋》《西厢记》等。其内容主要以反映人民疾苦为主，现实主义与浪漫主义相结合，主线明确，人物鲜明。其结构上最显著的特色是，四折一楔子和"一人主唱"。

三彩杂技俑

第二部分是乐队，有磬、钟、建鼓、琴、埙、排箫等多种乐器，共15人演奏，可见当时之盛况。

第三部分是"刀山走索"和"鱼龙曼衍"之戏，前者惊险，一人在地下立着刀尖朝上的索上拿顶倒立，两端还各有两人在索上相对表演，一似手挥流星，一似双手执戟。后者气魄雄伟，既有鱼龙之巨型，又有大鸟之气概。

第四部分是"马戏"和"鼓车"表演，马上或做倒立，或耍流星，人欢马跃，技巧高超；鼓车更是隆隆作声。这些节目如手技、倒立、走索、顶竿、马上技艺、车上缘竿等。

后来，周口杂技发展出类似汉代百戏的倒立、顶碗、杂耍；在歌舞台上，也有汉代百戏中舞女们优美的舞姿和小丑诙谐的表演。

阅读链接

"北有吴桥，南有周口"，这是流传在我国杂技界的一句老话。

在周口下辖的淮阳县，每年举办的"太昊陵庙会"，当地史志记载"杂技棚连棚，会师陈州城"的描绘，再现了当年周口杂技的盛况。

太康县张集乡温良口更是流传着这样一句顺口溜："喝了温良水，傻子也能踢两腿。"

稀有珍贵的周口太康道情

周口各县流行道情这种艺术形式，最著名的是太康县道情，它属于民间戏曲艺术，分布在太康及周边地区，它稀有珍贵，历史悠久。

道情戏原是黄河流域流行的一种民间小戏，它起源于唐代道士所唱的"经韵"，因道士唱乐歌时配以鱼皮筒鼓伴奏，故古时称"渔鼓道情"，俗称"道情筒子"。

明清之际在皖北地区非常的流行，和阜阳一带民间小调"莺歌柳"融合后，才形成了

道情《王金豆借粮》剧照

韩湘子 是民间故事的"八仙"之一，拜吕洞宾为师学道。道教音乐《天花引》相传为韩湘子所作。后人认为韩湘子就是唐代文学家韩愈的侄孙韩湘，生性放荡不拘，不好读书，只好饮酒，在20岁时去洛下探亲的时候，倾慕山川之趣而一去不返，20多年音讯全无，世传其学道成仙。

曲艺说唱艺术。当时的演唱只限于单口说唱，伴奏也只有便于携带的渔鼓和简板。

关于唱渔鼓道情的道具"蓝条"，还有个动听的传说：

据传"蓝条"是道家五根竹筒中的一根，其余几根的下落是女娲补天用一根，道家的祖师爷李耳那里存一根，撑船摆渡的船尾杆用一根，韩湘子传道用一根，有一根下落不明，唱渔鼓用的"道筒"就是韩湘子的那一根。

传说韩湘子在民间传道，遇见了乞丐向他讨饭，他就把道筒截给乞丐三寸，后来乞丐就以打"莲花落"为生；韩湘子到染坊传道，截给了染坊一寸做染布牌子，下余三尺三寸为唱渔鼓的专用道具。

宋代时，道情发展成为唱白相间的曲艺形式，也就是"道情鼓子词"。

■ 道情《王金豆借粮》剧照

■ 道情《棒打薄情郎》剧照

　　清代乾隆年间，流传于晋北的说唱道情被搬上戏曲舞台，成为深受当地观众喜爱的一个戏曲品种。

　　在晋北道情登上戏曲舞台前后，流行于晋西的临县道情也登上了戏曲舞台，流行于晋南的洪洞道情也曾在咸丰年间和宣统年间两度搬上舞台。

　　此后，流行于山西晋南的河东道情和河南周口道情、山东的蓝关戏等道情戏也相继发展成为舞台剧。

　　清代后期，道情从沈丘、郸城一带传入周口太康。受河南梆子、越调等地方戏曲影响，道情艺人开始尝试对口演唱和群口演唱，题材突破了原先的道教故事，扩大到家长里短、才子佳人的范围；

　　演员大体分角色，但不化妆，也无明显行当，时称"座摊道情"，这是道情戏的孕育阶段。

　　后来，太康县老冢镇干张村艺人张广志组建了第一个道情戏班。他是太康道情戏的最早开拓者，早年

渔鼓　渔鼓历史悠久，由唐代"道情"发展而来。当时道士们传道或者募化时都会叙述道家之事和道家之情。他们叙情方式就是打渔鼓，唱道歌。后来，"道情"为民间所习用，改唱民间故事和英雄故事，演变为一种说唱艺术。元代时，渔鼓广为传唱。明清时，渔鼓形成了"有板有眼"的完整唱腔。

■ 道情《王宝钏》
剧照

科班 我国旧时培
养戏曲演员的场
所。科班本意是
指旧时学、演结
合的戏剧班子,
是成为演员的
必须也是唯一途
径。后来科班就
引申为正规的职
业技能教育的统
称,所谓科班并
非指"出身",
而是指经过正规
培训。

从事说唱道情,并能演唱河南梆子戏,后来尝试"座摊道情"。

之后,张广志又首创道情科班,收徒20人。有一年,张广志的道情戏班在太康县洪山庙、五里口等村开始化妆登台演唱,将道情戏首次搬上了舞台。

同时在演出伴奏中增添了坠子弦和成套打击乐器,采用了河南梆子的声腔板式和表演形式。从此,使道情由曲艺形式一跃而成为戏剧舞台上一个崭新的独立剧种"太康道情"。

当时登台演出的除张广志之外,还有科班出身的张的养女张文秀,艺名"张大妮",她是道情戏的第一位女演员。还有科班出身、张广志的得意门生李继广,艺名"大白鞋",专攻旦角。

他们唱腔新鲜,唱词通俗,表演极富乡土气息,演出轰动一时,乡民奔走相告。但因其服装道具简陋，终未进入城市演出，而活跃于太康、淮阳、西华三县边界乡村。

此后，道情之火更以燎原之势，一些道情艺人如范炳、李继广、龚长法、张六顺、周传江等，相继在李兴营、西华营、郭楼等地组建了道情班，郭大连、龚长法还成立了科班。

随即，马头集、常合营、四柳树、彭庄等地的道情班和科班，如雨后春笋般纷纷出现，发展到十几个。使太康县成为名副其实的"道情之乡"。

道情戏以唱为主，剧本多唱词而少插白，一板下来就是上百句唱词。其唱腔中板腔和曲牌兼而有之，主要板式有慢板、流水、裁板、大过、单过、双过、哭死、哭活、垛子、滚白等。曲牌有"锁落枝""老桃红"等。

道情戏演唱时男女唱腔都用真嗓，咬字清晰。

曲牌 传统填词制谱用的曲调调名的统称。古代词曲创作，原是"选词配乐"，后来逐渐将其中动听的曲调筛选并保留下来，然后以此作依照填制新词，这些被保留的曲调仍多沿用原曲名称。

■ 道情《双拜寿》剧照

■ 道情《双拜寿》
剧照

笙 单簧气鸣乐
器。古称卢沙。
苗语称嘎斗、嘎
杰。侗语称梗
览。瑶语称娄
系。它是我国古
老的乐器，古代
金、石、丝、竹、
匏、土、革、木等
八音乐器之一，
距今已有三千多
年的历史。借由
每根管子中的簧
片发声，是吹管
乐器中唯一的和
声乐器，也是唯
一能吹吸发声的
乐器。

唱二八或流水时有重叠句，而且有"哪呼嗨""哪嗨
依"的衬词，其曲调淳厚朴实，唱词通俗易懂，深受
群众喜爱。

太康道情戏的伴奏乐器由原始的渔鼓、简板，逐
步过渡到以两把坠胡为主。但它的坠胡又与一般坠胡
不同，它筒大杆短，中间有腰码，声似二胡。

后来，伴奏又增添了皮胡、三弦、大胡、笙、唢
呐以及一些民族弹拨乐器。

太康道情体裁种类繁多，剧目丰富，据统计有
三十多个曲牌、曲调，包括三大类五大品种。

三大类别是唱腔、表演、音乐；五大品种是声腔
派系、表演程式、音乐体系、曲牌子曲调、打击乐。

太康道情这些类系的形成，既有沿袭下来的民间
艺术，也有姐妹艺术穿插，最后形成太康道情的独自
特色。

道情戏音乐分四大类。弦乐：道情胡、二胡、大胡、中胡；管乐：唢呐、笙、横笛；拨弹乐：瑟瑟、棕阮、三弦、筝；打击乐：堂鼓、大掌鼓、小鼓子、锣、钹、铰、镲、渔鼓、木梆、碰铃等。

太康道情的表演、化妆和服饰与其他剧种差别不大，主要区别是道情注重唱功，善演喜剧，其演员不习武功，科班也无武科。

最初时，道情没有严格的行当区分，除生、旦、须为专行演员扮演外，净、丑、末则无固定行当。没有大花脸、黑面、铜锤、架子、花脸之类区分。丑角仅在声腔中加些滑稽的花腔衬字与灵巧的颤舌音。

随着时代的发展，道情角色行当划分得也相当精细了。生行根据剧中人物年龄、性格诸方面的不同，被细分为老生、小生、武生、红生等；旦行又分为青衣、花旦、彩旦、老旦、婆旦、闺门旦等；丑行分为

老旦 戏曲行当之一，是扮演老年妇女的角色。老旦的表演特点，是唱、念都用本嗓，用真嗓，但不像老生那样平、直、刚劲，而像青衣那样婉转迂回。早期京剧中，没有专职老旦演员，但通过前辈的精心创造，不断完善，终于形成了独立的行当，并在京剧艺术中占据重要位置。

精彩绽放

文化风采

■ 道情《王金豆借粮》剧照

小丑、老丑、官丑、丑婆、丑旦等。

道情戏传统剧目共有近百本，如《刘公案》《金镯玉环记》《三进士》《吕布中状元》等。后来，经过整理改编上演的传统剧目有《劝邻》《王金豆借粮》《站花墙》等。移植演的剧目有《三看御妹》《乔太守乱点鸳鸯谱》《三哭殿》等。

道情的早期剧目内容多反映道家生活和宣扬道教教义，如《经堂会》《二度林英》《高楼庄》等。

中期剧目内容多为道家修贤劝善故事，代表性剧目有《王祥卧冰》《郭巨埋儿》《小桃研磨》等。

中后期剧目内容反映民间生活的故事，代表性剧目有《老少换妻》《打灶君》《顶灯》《打刀》等。

在太康民间还流传一些关于道情戏谚语，足见道情以其独有的魅力，深受广大戏迷的喜爱：

不怕家中遭了贼，也得看看朱锡梅；

有病不吃药，也得看看噂啦喔；

少锄二亩地，不能耽误看看道情戏；

宁叫发面酸，不能耽误看看道情班；

阅读链接

除太康道情之外，在周口商水县，渔鼓又叫梆梆筒子。其形式是用三尺三寸长的竹筒，蒙上猪护心皮，配上木筒板拍打发出响音说唱。

一人边演唱边伴奏，右手拍击渔鼓，左手敲击竹板作为伴奏。敲打渔鼓配上说唱，就成了渔鼓道情这种演艺形式。渔鼓从清末开始盛行，已有100多年的历史了。